복음이란 무엇인가? 6

로마법과 그리스도의 십자가

- 구원의 근거인 역사적 그리스도 사건 -

임덕규 지음

기독교문서선교회

기독교문서선교회(Christian Literature Crusade: 약칭 CLC)는
1941년 영국 콜체스터에서 켄 아담스에 의해 시작되었으며
국제 본부는 영국의 쉐필드에 있습니다.
국제 CLC는 59개 나라에서 180개의 본부를 두고, 약 650여 명의
선교사들이 이동도서차량 40대를 이용하여 문서 보급에 힘쓰고 있으며
이메일 주문을 통해 130여 국으로 책을 공급하고 있습니다.
한국 CLC는 청교도적 복음주의 신학과 신앙서적을 출판하는
문서선교기관으로서, 한 영혼이라도 구원되길 소망하면서
주님이 오시는 그날까지 최선을 다할 것입니다.

Roman Law and
The Cross of Christ

Written by

Duk-Kyu Im

Korean Edition
Copyright © 2013 by Christian Literature Crusade
Seoul, Korea

저자 서문

40여 년 전 제가 법대 재학 중에 "로마법 원론"을 선택과목으로 수강한 적이 있었습니다. 그것은 제 기억에서 사라져 갈 뻔한 주제였습니다. 그런데 제가 예수님을 하나님의 아들로 믿고 중생한 후로 성경을 읽는 가운데, 로마법이 그리스도 복음의 형성과 복음전파에 중요한 영향을 끼치고 있음을 발견하였습니다.

그리스도 복음을 더 깊이 알아가며 하나님의 섭리를 이해하면서, 하나님은 로마를 세계 대제국으로 발전하게 하시고 그 나라의 법을 발전시켜 그리스도 복음의 밭을 만드셨다는 것을 깨달았습니다. '팍스 로마나'는 예수 그리스도 복음을 성취하기 위한 하나님의 주권적 섭리였으며, 예수님은 이때에 평강의 왕으로 이 세상에 오셨고, 하나님 나라 복음을 전파하였으며, 우리 죄를 대속하기 위해 십자가에서 못 박혀 죽으시고 부활하셨습니다. 구약에 예언된 **그리스도의 사건(그리스도의 죽음과 부활의 사건)**을 로마제국의 통치 속에서 로마법에 따라 성취하신 것입니다. 곧 로마총독 본디오 빌라도에 의해서 십자가에 못 박혀 죽으셨습니다.

예수님은 **당시 세계 최고의 재판권을 대표하는 로마의 재판관**에게 심문을 받고 무죄를 명백히 세 번씩이나 선언 받았음에도 정치적인 이해관계로 사형을 언도받고 십자가에서 처형되었습니다. 유대인들의 모의와 이방인 빌라도의 합작으로 이루어진 십자가 처형은 국지적인 사건이 아니라 유대인과 이방인 모두를 구속하기 위한 세계적인 사건이 되었습니다.

우리의 구원의 근거는 바로 예수님에 의해서 성취된 역사적 그리스도의 사건입니다. 하나님이 인간의 역사 속에 직접 개입하셔서 역사적인 그리스도의 사건을 일으켜 복음진리를 확증하신 것이야말로 진리의 기초입니다. 16세기 종교개혁은 이 역사적인 그리스도의 사건을 우리의 구원의 근거로 회복시켰습니다. 인간의 내적이고 영적인 면만을 중요시하는 기독교는 복음을 단지 내적 생활을 추구하는 다른 모든 종교의 수준으로 끌어내리는 것입니다.

우리는 구약성경에서 예언되고 신약성경에서 성취된 그리스도 죽음과 부활의 역사적 사건을 로마법을 통해서 십자가 사건을 성취해 가시는 하나님의 위대한 섭리와 경륜을 이 책에서 확인할 것입니다. 무대 위에 선 자는 유대인들과 본디오 빌라도이지만 그들을 섭리의 도구로 다스리시는 분은 하나님이십니다. 한 신자가 이 역사적 그리스도의 사건을 참되게 이해하고 믿어 **이 진리 위에 자신의 인생을 설계할 때**, 이 신자의 삶은 반석과 같아서 비가 내리고 창수가 나고 바람이 불어 그 집에 부딪히더라도 결코 무너지지 않는 삶을 살게 될 것입니다.

이 책은 본문 외에도 **부록**으로 번역된 두 편의 선별된 세계적 논문으로 인하여 역사적인 그리스도의 사건의 진리가 더욱 빛나게 확증될 것입니다. 박철동 목사님의 탁월한 번역은 본문 내용보다 더 빛나는 진리의 확증이 되리라 믿습니다. 또 본문의 특강을 오류 없이 녹취하고 정리하며, 또 이 복음을 전하는 이 시대 최고의 전도자 고연순 전도사님께 감사드립니다.

끝으로 모든 영광을 하나님과 그 아들 우리 주 예수 그리스도께 돌리면서, 역사적 그리스도의 사건으로서의 십자가 복음이 한국교회와 세계교회의 복음 진리 운동의 기초가 되기를 간절히 소망하는 바입니다.

주 안에서 임덕규

목 차

저자 서문 _ 5

1. 역사적 그리스도의 사건이 구원의 근거 _ 12

2. 팍스 로마나(Pax Romana, 로마의 평화) _ 30
   (역사적인 그리스도의 사건을 일으킨 로마의 재판권 행사)

3. 로마의 지배를 받는 속주민들에게 적용된 로마법 _ 38
   (로마 총독의 재판권 행사)

4. 본디오 빌라도 총독의 예수 재판 _ 47

5. 빌라도의 정식 재판 _ 61

6. 그리스도 십자가형의 집행 _ 69

7. 그리스도 십자가형의 의의 _ 72

8. 역사적인 그리스도의 사건(죽음과 부활의 사건)에
   인생을 설계하라 _ 86

부록(박철동 역) _ 95

1. 로마법과 그리스도의 재판(R. 레리 오버스트리트) _ 96

2. 그리스도의 재판의 법적인 관점들(헨리 M. 치버) _ 125

"예수를 빌라도에게 끌고 가서…이 사람에게 죄가 없도다…
예수를 십자가에 못 박고…"(눅 23:1-33)

로마법과 그리스도의 십자가

1. 역사적 그리스도의 사건이 구원의 근거

저는 예수님을 하나님의 아들로 믿고 구원을 얻은 후 수 년이 지나도록 예수님이 그리스도[1]라는 진리를 모르고 신앙생활을 해왔습니다. 아무도 이 진리를 가르쳐주지 않았기 때문입니다. 예수 그리스도를 믿는다고 할 때 '예수님을 그리스도로 믿는다'는 진리에 대한

---

1) 헬라어 그리스도(크리스토스, Χριστός)는 문자적으로 "기름부음을 받은 자"를 말하는 히브리어 메시아(마쉬아흐, משיח)와 동의어로 구약시대에는 선지자(예언자), 제사장, 왕이 기름부음을 받아 각각의 직책을 수행했다. 신약시대에는 이 세 직분을 모두 수행하는 예수님에 대한 직분으로 고유명사가 되었다. 칼빈은 『기독교 강요』에서 "그리스도가 성부에 의해 보냄받은 목적과 그리스도께서 우리에게 베푼 것을 알기 위해서는 무엇보다도 그리스도 안에서 세 가지, 즉 예언적(선지자적) 사명, 왕직, 제사장직을 보아야 한다"고 말하면서 이것이 "그리스도의 3중의 구원활동"을 나타냄을 말하였다. 그리스도는 선지자(예언자)로서 하나님께로 가는 길이 자신을 통해서만 가능함을 보여주었고, 제사장으로 십자가에서의 죽음으로 단번에 영원한 모든 인류의 죄를 위한 피의 희생제사를 완성하고 부활하고 승천하여 하나님 우편에 앉으사 우리를 위해 중보하신다. 왕으로서 십자가의 죽음으로 사탄과 모든 흑암의 세력을 꺾으시고, 하늘과 땅의 모든 권세를 가지시고 온 세상을 다스리고 계신다. (『기독교 강요』, II, xv.)

인식이 없었던 것입니다. 그러므로 예수님의 죽음과 부활을 믿으면서도, 예수님의 죽음과 부활이 그리스도의 사건이라는 복음의 기본진리는 전혀 알지 못하고 신앙생활을 해왔던 것입니다.

그러나 그리스도의 죽음과 부활은 구약성경에 예언된 그대로 2천 년 전 일어난 역사적 사건이며 우리 구원의 근거입니다. 이 구약성경에 예언된 내용 그대로 신약시대에 성취된 그리스도의 죽음과 부활을 그리스도의 사건이라고 합니다.

● 역사적 그리스도의 사건을 일으키신 예수님

누구든지 죽음과 부활을 구약의 예언대로 역사 속에서 이루는 자가 그리스도가 될 수 있기 때문에 그리스도의 죽음과 부활을 그리스도의 사건이라고 하는 것입니다. 이 역사적인 그리스도의 사건이 우리의 구원의 근거이며, 물론 이 역사적인 그리스도의 사건의 주인공은 예수님입니다.

이 역사적인 그리스도의 사건, 곧 그리스도의 죽음과 부활의 사건을 성경대로 역사 속에서 일어나지 않았다고 말한다면 어느 누구도 자기 자신이 성경에 말한 그리스도가 될 수가 없습니다. 그런데도 역사적 그리스도의 사건을 일으키지 않았음에도 우리 한국에는 자기가 메시아 그리스도라고 하는 자들이 많습니다.

● 거짓 메시아 문선명

그 중에 대표적인 자가 2012년 9월에 타계한 문선명 통일교 교주입니다. 그는 열여섯 살 되던 해 부활절 전야에 마을 뒷산에 올라가서 밤새 기도하다가 예수님을 만나서 예수님의 말씀을 들었다고 합니다. "지상에서 하늘의 역사에 대한 특별한 사명을 받아라" 이렇게 사명을 받아가지고 자신의 메시아의 사명을 자각하고 자기가 메시아가 되었다는 것입니다. 이것은 사탄의 역사입니다. 어렸을 때부터 문선명은 그의 자서전에 보면 그는 신들린 자였습니다. 그는 어려서부터 남의 일을 척척 알아 맞추었습니다.

그런데 성경에서 말하는 메시아는 누구입니까? 메시아의 사건, 곧 그리스도의 죽음과 부활의 사건을 구약 성경대로 역사 속에서 성취하는 자라야 메시아가 될 수 있는 것입니다.

● **구약은 복음이 자리 잡은 기초**

구약은 예수 그리스도의 복음이 자리 잡은 기초입니다. 신약은 구약에 의존하고 거기에 근거를 두고 있습니다. 예수님은 구약의 모든 기독론에 관한 실마리를 제시해 주었습니다. 죽은 자 가운데서 부활하신 예수님은 엠마오로 가는 길에서 두 제자들에게 자기에 관한 것을 두 분류, 곧 그의 **고난**과 그의 **영광**으로 나누어 가르치셨습니다.

그리스도가 이런 고난을 받고 자기의 영광에 들어가야 할 것이 아니냐 하시고 이에 모세와 모든 선지자의 글로 시작하여 모든 성경에 쓴바 자기에 관한 것을 자세히 설명 하시니라(눅 24:26-27).

또한 예수님은 예루살렘에 있는 열한 제자 및 그들과 함께한 자들이 모인 곳에서도 동일하게 그의 고난과 영광에 관해서 가르치셨습니다.

또 이르시되 내가 너희와 함께 있을 때에 너희에게 말한바 곧 모세의 율법과 선지자의 글과 시편에 나를 가리켜 기록된 모든 것이 이루어져야 하리라 한 말이 이것이라 하시고…이같이 그리스도가 고난을 받고 제삼 일에 죽은 자 가운데서 살아날 것과(눅 24:44-46).

한편 사도 베드로도 구약의 저자들을 두고 이야기 하면서 "이 구원에 대하여는 너희에게 임할 은혜를 예언하던 선지자들이 연구하고 부지런히 살펴서 자기 속에 계신 그리스도의 영이 그 받으실 고난과 후에 받으실 영광을 미리 증언하여 누구를 또는 어떠한 때를 지시하는지 상고 하니라"(벧전 1:10-11)고 말하였습니다.

그러므로 우리는 성경의 모든 곳에서 고난 받으시는 그리스도와 영광을 받으시는 그리스도, 굴욕과 배척을 당하시는 그리스도와 들림을 받고 보상을 받으시는 그리스도를 발견하게 되리라는 기대를 가지고 성경을 상고해야 할 것입니다. 그리스도의 죽으심과 부활의 사건은 신구약성경의 중심 진리인 것입니다.

● 구원을 얻는 믿음의 본질

그러므로 여러분이 구원을 얻으려면 이 역사적인 그리스도의 사건을 참되게 믿어야 합니다. 다시 말하면, 2천 년 전 예수님이 구약성경대로 우리 죄를 위해 죽으시고 부활하신 역사적 사실을 믿어야 구원을 얻습니다.

그리스도의 복음을 믿는 믿음이라는 것은 본질적으로 하나님이 2천 년 전에 우리를 위하여 그의 아들을 그리스도로 보내서서 대속의 죽음과 부활을 일으키셨다는 역사적 사실을 받아들이는 것입니다.

그런데 이렇게 역사적 그리스도의 사건을 받아들여 확고히 붙들지 않고 다른 방법으로 믿고자 하는 신자들이 오늘날 많습니다. 오늘날 그런 신자들이 많습니다. 오늘날 상당수의 신자들은 구원 얻는 믿음이 하나님이 우리 안에서 행하시는 것에 대한 신뢰라고 생각하고 있습니다. 하나님이 지금 내 안에서 무엇인가 역사를 일으키셨다는 것입니다. 무엇인가 어떤 체험을 했다는 것입니다. 이것이 그들의 신앙의 근거입니다. 이런 믿음은 하나님이 2천 년 전 우리를 위하여 그리스도 안에서 행하신 일, 곧 그리스도의 사건이라는 것과는 너무나 다른 것입니다.

전자는 내 안에서 일어난 주관적인 경험이고 후자

는 그리스도 안에 일어난 역사적이며 객관적인 사실입니다. 복음은 주관적 경험이 아니고 역사적인 그리스도의 사건으로서 객관적인 것입니다. 복음이란 역사적 예수에 대한 좋은 소식입니다. 복음은 예수님이 구약성경대로 죽음과 부활의 사건을 일으켰다는 선포입니다.

그리고 이 복음을 믿는 믿음이란 예수님이 2천 년 전에 그리스도의 사건을 일으켰다는 선포를 받아들이는 것입니다. 이렇게 복음에 대한 객관적이며 역사적인 사건을 바로 이해할 때 비로소 개개인 그리스도인의 주관적인 경험도 바르게 이해될 수가 있습니다.

● **오늘날 만연되어 있는 신앙체험이 구원의 근거가 될 수 있는가**

제가 수년 전 육사 교수로 재직 시에 기독장교회 성경공부를 할 때였습니다. 그 때 한 교수가 믿음에 대해 이렇게 말했습니다. "믿음이라는 것은 자기 최면 아닙니까?" 자기 최면으로서의 믿음이란 실재하지는 않지만 실재하는 것처럼 가정하고 반복적으로 시인하는 것을 의미합니다. 사실이 아닌 것을 사실처럼 자기 자신에게 최면을 건다는 것입니다. 믿음을 자기 최면의 일종으로 규정한 그 교수는 믿음을 개인의 내적인 주관적인 감정으로 그 구원의 근거를 삼고자 한 것입니다.

그러나 앞서 말씀드린 대로 구원을 얻는 참된 믿음은 구약성경대로 그리스도께서 이 땅에 오셔서 성취하신 죽음과 부활의 역사적 사건 위에 기초하고 있습니다. 종교개혁자들은 이 역사적인 그리스도의 사건을 우리 구원의 근거로 회복시켰으며, 구원 역사의 객관적인 중요성을 되살려냈습니다. 중세시대에 인간의 내적 생활을 강조함으로 인해서 복음을 변질시켰던 잘못된 신앙을 개혁한 것입니다.

그런데 오늘날 기독교 현실은 어떻습니까? 종교개혁 시대의 복음신앙과는 전혀 다른 신앙으로 흘러가고 있습니다. 다시 말하면, 역사 안에서 일어난 복음의 객관적 사실을 강조하는 기독교 입장으로부터 인간의 내적 생활을 강조하는 중세신학 입장으로 바뀌어가고 있다는 것입니다.

오늘날 복음을 믿는다는 신자들이 자신의 내적이고 영적인 면만을 중요시하는 신앙생활을 하고 있는 경우가 많습니다. 그렇게 되면 어떤 결과가 발생합니까? 인간의 내적인 면만을 중요시하는 기독교는 예수 그리스도의 복음을 단지 내적 생활을 추구하는 다른 모든 종교수준으로 끌어내리는 것입니다. 다른 종교들도 똑같이 내적인 그런 생활을 추구하고 있습니다.

예를 들어, 신자들 중에 예수님을 믿는다고 할 때 그들은 마음에 평안이 있다고 생각하면서 믿습니다. 교회에 와서 예배드리면 안정되고 마음에 평안이 있는 것 같아서 예수님을 믿고 그것이 자신의 믿음의 근거가 됩니다. 때로는 설교 중에 나온 이야기에 감동되고 흥분되는 내적인 경험들이 있습니다. 이러 경험들이 그가 가진 신앙의 근거가 되고 그리스도인의 정체성이 됩니다. 왜냐하면 그는 그 설교에 내적으로 감동됐기 때문에 "아! 그러니까 내가 믿는구나!"라고 생각합니다. 그리고 그러한 내적인 감동이 그의 생애를 변화시킬 수도 있습니다. 그래서 "내가 변화됐다"라고 합니다.

또는 어떤 신자는 찬양을 부를 때에 감동이 되어서 눈물이 나고 마음에 흥분이 오면 그것을 그 개인의 특정한 구원의 체험으로 인정하고자 합니다. 그러나 이러한 체험들이 참된 구원의 근거가 아닙니다.

그러한 체험은 반드시 우리 주 예수 그리스도의 복음의 체험일 때만 진정한 그리스도인의 체험이 됩니다. 그리스도의 죽음과 부활이라는 그리스도의 사건의 체험이 되어야 한다는 것이지요. 예수 그리스도의 복음진리에 대한 감동이 있어야 합니다. 이야기에 감동되는 것이 아니라 진리에 감동되어야 됩니다.

● **역사적인 그리스도의 죽음과 부활의 복음만이 구원의 근거**

우리 생애를 변화시킬 수도 있고, 우리를 패배로부터 구원해주고, 우리에게 기쁨을 주는 이단이나 사이비 종교는 얼마든지 있습니다. 사이비 종교를 통해서도 인간이 변화가 됩니다. 질병도 낫고 건강해지고 새 사람이 되기도 합니다. 또한 기적과 능력이 나타나는 경우가 얼마든지 있습니다. 모든 종교에는 그들 나름대로 어떤 능력들이 나타납니다. 또한 내적으로 흥분되고 감동되고 열심을 내는 종교, 이단들은 수없이 많습니다. 이단들은 우리 그리스도인보다 훨씬 열심이고 또 감동되고 흥분합니다.

남묘호렌게쿄라는 사이비종교가 있습니다. 저는 이 종교를 믿는 신자를 한 번 만나본 적이 있는데 얼마나 열심이던지 전혀 복음적 대화가 되지 않았습니다. 그는 그 종교대로 주술을 외우면 기적이 나타난다고 굳게 믿었습니다. 그는 남묘호렌게쿄에서 그런 기적들을 많이 체험했다는 것입니다.

여러분들은 최면술에 의한 정신요법을 들었을 것입니다. 최면술에 의한 정신요법으로도 병도 고치고 정신도 치료하고 사람도 변화될 수가 있습니다. 그래서 인간의 내적이며 영적인 면만을 중요시하는 기독교는 그리스도의 죽음과 부활이라는 역사적 그리스도의 사건의 복음을 간과하고 복음을 단지 인간의 내적 생활을 추구하는 다른 종교 수준으로 끌어내리는 것이 됩니다.

인간의 내적인 체험은 물론 중요합니다. 그러나 그 체험이 육신을 입고 이 세상에 오셔서 사시다가 죽으시고 부활하신 예수님을 통한 살아 있는 체험이 아닐 때 그것은 진정한 그리스도의 체험이 아닌 것입니다.

어떤 사람이 설교를 듣는 중에 매우 감동적인 이야기를 듣고 무엇인가 큰 감동을 느꼈다고 합시다. 그 사람은 예수님이 그리스도라는 진리, 예수님이 죽은 자 가운데서 다시 살아났다는 진리, 우리 자신이 하나님 앞에 완전한 죄인이라는 진리에 의해서 감동된 것이 아니라 이야기에 의해서 무엇인가 느꼈을 수도 있습니다. 그런 경우에는 그 사람은 진리 자체가 아니라 진리가 전달되는 형식에 관심을 보인 것입니다.

● 역사적인 그리스도의 죽음과 부활의 진리를 체험하라

진정한 감정이나 체험은 항상 진리의 확신의 결과이며, 항상 진리의 바른 이해로부터 나옵니다. 여러분이 오늘 그리스도의 복음을 들을 때 복음진리에 감동되어야 변화됩니다. 진리를 증거하기 위해서 설명하는 예화에 감동된 것은 여러분을 변화시키지 못합니다. 그것은 그리스도인의 진정한 감정이 될 수 없습니다. 모든 체험이 진리에 감동된 체험이 아닙니다.

진정한 진리의 체험에는 고귀함과 경이감이 있습니다. 심오한 무엇이 있습니다. 진정한 감정은 깊고 고귀한 것입니다. 거기에는 항상 경이감과 놀라움이 있습니다. 항상 새로운 활기를 불어넣습니다. 여러분이 예배 중에 무언가 느꼈다면 교회에 있는 동안이 아니라 그 다음 날이어야 합니다. 하나님과 예수 그리스도를 보고 진리의 영광을 알았다면 그것은 계속 존재합니다. 그것은 우리를 감동시켜서 행동하게 하고 우리를 지배하고 우리를 인도하며 우리에게 명령합니다. 즉 진리는 우리와 함께 있는 것입니다. 이렇게 진리에 의해서 유발된 감정은 우리에게 생기를 불어넣으며 매우 생산적입니다. 동시에 이런 감정은 계속되고 영속적입니다.

반면에 이야기로 인해서 일어나는 우리의 육신적 감각으로 온 감동은 곧 잊혀지게 됩니다. 여러분이 지금 이야기에서 감동을 받았다지만 내일 저녁이 되면 다 잊어버릴 것입니다. 그러나 진리에 의해서 감동을 했다면 그 체험은 여러분의 일생을 좌우합니다.

● 역사적인 그리스도의 죽음과 부활의 진리를 체험하라

저는 30대 초에 예수님이 하나님의 아들이라는 진리의 말씀이 제게 바르게 이해되고 확신되고 깨달아졌을 때를 선명하게 기억합니다. 30년이 훨씬 넘었는데도 그 때를 돌이키면 엊그제처럼 아주 생생합니다. 35-6년 전에 체험한 그리스도의 복음진리의 감동을 회상하면 언제나 감격스럽고, 나를 움직이게 하고, 하나님의 은혜에 감사하고 그 은혜를 어떻게 갚을까 생각이 됩니다.

그러므로 저는 모든 설교에 진리의 이해를 돕기 위해 전달하는 이야기를 가급적 절제하고 진리 자체에 역점을 두어 말씀을 선포합니다. 신자들이 진리 자체가 아니라 진리를 돕기 위해 전달하는 이야기에 감동을 하면 '설교를 실패했다'고 생각을 합니다. '오직 예수 그리스도', '오직 그리스도의 죽음과 부활', '오직 진리의 말씀에 감동'받기를 소원하는 것입니다. 진리를 확신하고 진리를 바르게 이해하기 위해서 기도하고 기다립니다.

제가 전한 그 진리의 말씀에 여러분들이 감동되어 참된 진리 자체로부터 개인에게 체험되는 감정이 일어나기를 기원합니다.

선포된 하나님의 말씀에 심오한 무엇을 여러분들이 발견하기를 기도하는 것입니다. 그래야 여러분이 진정한 구원의 근거를 갖고 거듭난 그리스도인이 되며, 참된 그리스도인이 되고, 진짜 하나님의 백성이 됩니다. 임마누엘의 하나님의 백성이 됩니다. 일단 복음진리, 예수 그리스도와 그의 죽음과 부활이라는 진리를 확신하고 이해하는 참된 그리스도인이 되었다면 이 신자는 앞으로 하나님과 성령의 인도를 받는 신령한 삶, 마음에 하나님 나라를 이루며 사는 행복자의 삶을 살게 될 것입니다.

그러므로 여러분 모두는 여러분 안에서 일어나는 내적인 체험을 구원의 근거로 생각하지 말고 2천 년 전 일어난 역사적 사건, 곧 그리스도의 죽음과 부활이라는 역사적인 그리스도의 사건을 마음 중심에 받아들이고 그것을 확실히 붙들기를 바랍니다. 이것이 여러분을 진정한 그리스도인이 되게 하는 것이며, 천국 가는 유일한 근거이며 죄와 세상과 사탄을 정복하는 능력의 원천입니다.

저는 언제나 신자들이 참된 구원 얻는 신앙을 갖기를 열망해 왔습니다. 그것은 어떤 특정한 체험이나 환상에 근거하지 않고 하나님이 2천 년 전에 우리 죄를 대속하기 위하여 그의 아들을 보내사 그 아들의 죽음과 부활로써 인생의 죄와 죽음과 사탄의 문제를 해결하셨다는 역사적 그리스도의 사건에 우리 모든 신자들의 신앙이 근거하기를 열망해왔습니다. 그렇게 하지 않으면 그 사람이 변화되지 않는다는 것을 알기 때문에 저는 이 그리스도의 사건에 참되게 뿌리내리기를 소원하고 기도해 왔습니다.

2천 년 전 인류 역사 속에서 일어났던 그리스도의 죽음과 부활의 사건은 하나님이 인류 구원을 위해서 일으키신 초자연적인 구원 사건이었습니다. 비록 당시에 로마라는 세계 대제국의 재판정에서 그리스도의 죽음이 선고되었고, 십자가형으로 집행되었지만 그것은 하나님의 절대적인 주권과 섭리 속에서 이뤄진 것이었습니다.

2. 팍스 로마나(Pax Romana, 로마의 평화, 역사적인 그리스도의 사건을 일으킨 로마의 재판권 행사)

오늘 우리는 역사적인 그리스도의 죽음과 부활의 사건을 더욱 실감 있게 확증하고자 로마법과 그리스도의 십자가의 복음을 듣고자 합니다.

예수님의 십자가의 죽음은 2천 년 전 로마법에 따라 이루어진 판결이었습니다. 예수님은 당시 세계 최고의 재판권을 대표하는 로마의 재판관에게서 심문을 받고 사형을 선고받은 것이며, 로마법대로 십자가 형벌로 처형되었습니다. 물론 당시의 그 유명한 로마의 재판관은 로마 총독 본디오 빌라도였습니다.

● **뛰어난 로마의 법률과 그 집행**
   (로마는 세계를 세 번 정복했다. 군사력 · 기독교 · 로마법으로)

누가복음 23장은 로마 총독 빌라도의 두 번에 걸친

재판과 최종 십자가 죽음 판결 그리고 십자가 죽음의 집행에 관한 말씀입니다.

빌라도의 모든 재판과 그 집행은 모두 로마법에 따라서 이루어졌습니다. 우리는 오늘 본문을 검토하기 전에 먼저 본문 해석에 빛을 주게 될 로마법에 관한 간단한 이해를 얻고자 합니다.

로마인이 인류 사회에 남긴 최대 유산은 로마의 법률이었습니다. 이것은 문화사나 사회문화를 배웠다면 알고 있을 것입니다. 로마인은 창조적인 면에서는 당시 그리스인에 뒤떨어져서 학술, 문학은 그리스에 뒤졌으나 법률, 토목, 건축, 기술, 군사 등 실용적인 면에서는 우수한 재능을 발휘했습니다.

그래서 19세기 독일의 유명한 로마법 학자 예링은 그의 책 『로마법의 정신』이라는 책에서 다음과 같이 말했습니다.

2. 팍스 로마나(Pax Pomana, 로마의 평화) 33

로마는 세계를 세 번 정복했다. 하나는 군사적으로, 다른 하나는 기독교로 그리고 또 다른 하나는 로마법으로 세계를 정복했다.

로마는 세계 최강국의 나라로서 당시 알려진 지중해 중심의 모든 세계 대륙을 모두 군사력으로 정복하고 식민지를 세우고 통치했습니다. 예수님 출생 당시 유대도 이러한 로마의 군사력에 의해서 통치를 받고 있었던 것입니다. 그리고 예수님 십자가 처형 당시 로마 총독은 바로 본디오 빌라도였습니다.

또 한편 로마가 기독교에 의해서 세계를 정복했던 것은 사도 바울의 로마 전도 이후 로마제국에 복음이 전파되기 시작했고, 약 250년간의 기독교 박해를 지나서 주후 313년에 밀라노 칙령으로 기독교가 공인되었고 그 후 콘스탄티누스 회심 이후로 기독교가 국교가 되어서 세계적인 종교로 부각되게 되었던 것입니다.

● 팍스 로마나(Pax Romana, 로마의 평화)

오늘 우리가 관심을 갖는 로마 사회의 특징은 로마의 법률입니다. 예링이 로마법에 의해서 세계가 정복되었다고 하는 것은 과장된 표현이 아닙니다. 로마인들이 만든 로마의 법률, 특별히 민법과 같은 사법(私法)의 경우에는 로마가 망한 뒤에 사장된 것 같았으나 그 법이 다시 새롭게 회생이 되어서 그 법을 통째로 게르만 민족인 독일이 그대로 계수(繼受)했습니다.

이 독일의 법이 일본에 계수되었고 일본법이 일제강점기에는 한국에도 그대로 적용되었습니다. 오늘날 우리나라의 사법체계, 매매, 상거래, 상속, 유언 등의 사법은 전부 로마법의 절대적인 영향력 하에 세워진 법들입니다.

물론 로마의 형법도 매우 정교하고 공정해서 오늘날도 로마법 연구자에게는 로마 형법이 중요한 연구 대상이 되고 있습니다. 우리는 사도행전에서 로마 총독들이

2. 팍스 로마나(Pax Pomana, 로마의 평화)

사도 바울을 재판하는 경우를 여러 번 보게 되는데, 그들은 모두 이해관계가 있지만 로마법을 엄격히 준수했습니다. 또한 로마법에 대한 재판절차를 준수했습니다.

로마인들은 훌륭한 법률만 가진 것이 아니라 그 법을 의롭게 준수하고 집행했던 자들이었습니다. 그들은 그들이 점령한 지역에 로마법에 의한 공의를 실현시켰습니다. 이렇게 공정한 로마 정부의 공의가 이기적이고 예측할 수 없는 폭군들의 변덕스럽고 때로는 유혈적인 정권을 대체해서 세계를 제패했습니다. 로마가 정복한 나라에는 산적들이 없어지고 해적들이 길과 바다에서 사라졌습니다.

소위 '팍스 로마나' 곧 로마의 평화가 이뤄졌습니다. 이 로마의 평화는 세계가 일찍이 보지 못했고, 또 온 세계가 깊이 감사하는 대상이 되었습니다. 새로운 공의와 새로운 안정이 생활 속에 찾아왔습니다. 그래서 로마 정권하에 있는 시골 사람들은 자기의 볼 일을 보고 가족을 위해 일하고 편지를 보내고 안전하게 여행을 할 수 있는 입장이 되었으니 로마의 강력한 권력에 감사했습니다. 그래서 사실상 어떤 나라 왕들은 그들의 통치권을 로마에게 자진해서 바친 자들도 있었습니다. 이런 로마제국에서 얻는 혜택이 매우 귀중했기 때문이었습니다.

● '팍스 로마나'는 그리스도의 복음을 위한 하나님의 경륜

예수님은 바로 강력한 군사력과 로마법에 의해 통치되는 '팍스 로마나' 곧 로마가 평화를 이룬 시대에 로마의 통치하에 있는 유대 땅 베들레헴에서 탄생하셨습니다. 하나님은 평화의 왕으로 오시는 예수님을 이 세상이 맞이하도록 하기 위해서 로마를 택하시고 로마의 엄격한 법치적 통치하에 로마의 평화 속에서 탄생하도록 하신 것입니다.

로마는 예수 그리스도의 복음을 준비하기 위한 하나님의 도구였고, 동시에 예수 그리스도의 복음을 심기 위한 밭이었습니다. 하나님은 당시 세계 최고의 재판

권을 대표하는 로마의 재판관에게서 그의 아들이 심문을 받고 선고받게 하심으로써 예수님의 무죄성을 세계 만방에 알리고 그의 죽음이 대속의 죽음인 것을 명백히 세계 속에 알리고자 했습니다.

동시에 예수님의 분명한 죽음이 확인되고 장사된 후 사흘만에 엄격한 로마 군사들의 감시와 통제 속에서 예수님은 부활하심으로 예수 부활의 초자연성을 확증시켰습니다. 그리하여 그리스도의 죽음과 부활의 역사적 사실을 온 세상이 의심 없이 믿도록 역사했던 것입니다. 그리스도의 죽음의 사건은 국지적인 것이 아니라 세계적인 사건이 되어야 했습니다. 그리스도의 죽음은 유대인뿐만 아니라 모든 이방인의 죄까지 다 담당하는 대속의 죽음의 사건이 되어야 했기 때문입니다. 그래서 예수님은 당시 세계 최고의 재판권을 대표하는 로마법정의 재판을 통해서 십자가형의 선고를 받은 것입니다.

3. 로마의 지배를 받는 속주민들에게 적용된 로마법(로마 총독의 재판권 행사)

그렇다면 이제부터 우리는 당시 세계 최고의 재판권을 대표하는 로마의 재판관 본디오 빌라도에게서 심문을 받고 십자가형을 선고받은 내용을 구체적으로 알아보고자 합니다.

● 로마법에 따른 총독의 재판권 행사

우리의 관심은 빌라도의 재판권 행사는 전적으로 로마법에 따라 집행되었다는 것입니다. 우리는 재판 진행 과정에서 확인하겠지만 빌라도는 처음부터 예수님의 무죄성을 알고 있으면서도 그 자신의 총독 지위를 유지하기 위해서 십자가형을 선고하는 불법적인 재판을 행했습니다.

그러나 당시 유대는 로마의 속주였기 때문에 속주민에 대한 절대적인 판결권을 가진 총독의 입장에서 본다면 빌라도의 판결 자체는 형식적으로는 위법한 것이 아니었습니다. 물론 빌라도는 예수님의 무죄성을 알고 내린 십자가 처형의 선고였기에 그는 양심적으로나 도덕적인 측면에서는 정죄할 수 밖에 없는 죄인이었습니다.

● 로마 황제의 속주로서 유대의 지위

우리는 빌라도의 예수님 재판과정을 검토하기 전에 먼저 본디오 빌라도 총독 당시의 로마 형법에 규정된 총독의 형사 재판권에 대해서 알아보고자 합니다. 빌라도 당시 로마제국은 로마 본토와 외국의 영토로 구성되어 있었습니다. 이때 외국의 영토를 속주라고 불렀습니다. 로마 본토 이외의 속주는 두 종류로 구성되어 있었습니다. 하나는 황제의 속주요 다른 하나는 원로원의 속주로 구별되어 있었습니다.

황제의 속주는 황제가 임명하는 자가 총독으로서 관할 지역의 통치권을 행사했고, 원로원의 속주는 원로원에서 파견된 자가 속주의 총독으로 파견되었습니다. 이때 황제의 속주는 원로원의 속주와는 달리 폭동이라든가 반란의 잠재적 가능성이 있는 군사지역으로서 군대를 주둔시켰으며 그 지방의 총독이 주둔군 사령관의 직책을 겸하여 현지에 군법을 적용했습니다.

● 로마총독으로서 빌라도가 행사한 예수님의 십자가형 판결

본디오 빌라도는 총독이면서도 동시에 주둔군 사령관이면서 군법을 적용한 자인 것입니다. 이 지방총독은 중죄의 재판권을 장악해서 범인을 사형에 처할 수 있는 권한과 치안 유지를 위한 경찰 행정권 및 폭동과 반란 진압에 대한 군사 동원권도 가졌습니다. 이때 지방총독의 학정과 독직 권리 남용에 대해서는 황제만이 이를 제재할 수가 있었습니다.

그래서 본디오 빌라도는 당시 로마 황제 티베리우스의 눈치를 살펴보면서 유대 총독의 임무를 수행하지 않

을 수가 없었습니다. 그가 유대인들이 "예수를 놓으면 가이사의 충신이 아니니이다"(요 19:12)[2] 하는 위협에 굴복하지 않을 수 없었던 것도 유대인들이 이렇게 고소를 해버리면 이것을 조사받아서 자칫 잘못하면 자신의 지위가 해임될 수도 있기에 어쩔 수 없이 유대인들의 말에 굴복하지 않을 수가 없었던 것입니다.

당시에 로마제국은 모든 속주민의 문화적인 독자성을 존중해서 그들 고유의 관습이나 신앙문제는 개입하지 않았습니다. 따라서 모든 속주민은 그들의 문화적 전통에 따라서 생활할 수 있었고 속주민의 자치권을 인정해서 범죄 사건에 대한 재판권 행사를 그들에게도 일부 허락했습니다.

그러나 속주민의 중대한 사건인, 예를 들면 소요라던지 폭동, 반란 등 로마제국의 권위에 도전하는 모든

---

[2] (요 19:12, 개정) 이러하므로 빌라도가 예수를 놓으려고 힘썼으나 유대인들이 소리 질러 이르되 이 사람을 놓으면 가이사의 충신이 아니니이다 무릇 자기를 왕이라 하는 자는 가이사를 반역하는 것이니이다.

정치범과 살인, 강도, 방화 등 흉악범의 중죄 재판권은 로마 총독이 행했습니다. 로마 총독이 집행할 수 있는 형벌에는 제한이 없어서 사형에서 벌금에 이르기까지 광범한 재량권이 있었습니다.

반면 로마 총독은 속주에 체류한 로마 시민에 대하여는 중죄 재판권이 없으므로 범인을 모두 로마에 압송해야 했습니다. 그것은 로마 시민의 재판특권이었습니다.

● **속주민의 중형선고와 집행 방법**(개요)

예수님은 로마 시민이 아닌 속주민이었기 때문에 당연히 속주의 총독인 본디오 빌라도의 재판 관할 아래 있게 되었습니다. 앞서 말씀드린 대로 속주민의 중죄 재판권은 총독이 직접 행사했으며, 총독은 범인의 심문, 증거 조사와 판결에 이르기까지 소송을 자기가 직접 주재했습니다. 속주에는 총독이 체류하는 도시에 중앙재판소가 설치되어 있었으며 총독은 속주의 통치권자로서 각종 재판 조례와 소송 규칙을 제정할 수가 있었습니다. 그래서 본디오 빌라도는 황제의 속주인 유대지방의 총독으로서 예루살렘에 그의 재판소를 설치하고 예수님을 재판하게 된 것입니다.

그리고 총독의 속주민 재판의 결과는 절대적 효과가 있었습니다. 즉 총독의 속주민 재판 결과 중형을 선고하면 피고의 상소는 허용되지 않았습니다. 예수님의 십자가형도 판결 선고와 함께 즉시 집행되었습니다. 이것이 로마법이었습니다. 이 십자가형은 유대인들의 사형 방법은 아니었습니다. 유대인 율법에 의하면 경고로서 가끔 시체를 나무에 달아놓기도 했지만 사형 방법은 돌로 쳐서 집행하는 것이었습니다.

● 로마법에 의한 십자가형의 형태와 집행절차

그러므로 이 십자가형은 로마제국의 형법에 규정된 사형 집행 방법이었습니다. 로마시대 원수정기의 형벌로서는 사형, 자유형, 신체형, 명예형, 재산형이 있었는데, 오늘 우리나라의 형법과 비슷합니다. 그 중에 사형은 집행방식에 따라서 참수형, 십자가형, 수장형, 맹수형, 화형, 검투형, 추락형, 타살형 이렇게 구별해 놓았습니다. 이 중 십자가형은 카르타고인들이 사용했던 것을 후에 로마인들이 도입해서 사용하기 시작했는데 가장 잔인한 처형 방법이었습니다.

로마인들도 매우 잔인한 것을 인정했습니다. 로마의 유명한 정객 키케로는 십자가형을 가장 잔인하고도 소름끼치는 사형으로 얘기를 했습니다.[3] 그래서 노예와 비로마인만을 십자가형으로 제재를 했습니다. 이 때문에 사도 베드로는 로마인이 아니기 때문에 십자가에 거꾸로 처형된 반면에 사도 바울은 로마 시민이기 때문에

---

3) 키케로는 "십자가라는 단어 자체가 로마시민에게서, 그의 생각이나 눈, 귀에서조차 아주 제거되어야 하는 것이다. 왜냐하면 단지 십자가형의 실제적인 집행뿐만 아니라 그것의 언급마저도 로마시민과 자유인에게는 합당치 않은 것이기 때문이다"고 할 정도로 십자가형을 몹시 혐오했다(김성, 『성서고고학 이야기』, 동방미디어).

참수형을 당했다는 전설은 이 로마 형법의 사형방식과 일치하는 것입니다. 이와 마찬가지로 우리 예수님도 로마 시민이 아닌 유대인이기 때문에 십자가형이 본디오 빌라도에 의해서 선고되었습니다.

당시 십자가형은 세 가지 형태가 있었습니다. T자형의 성 안토니 십자가가 있었고, X자형의 성 앤드류 십자가가 있었고, 칼 모양의 십자가는 죄목이 적힌 명패를 머리 위 부분에 못 박아 붙였습니다. 칼 손잡이가 십자가로 되어있는데 이런 칼 모양의 십자가가 예수님이 처형당하신 십자가 형틀로 전해집니다.

로마법에 의하면 사형선고가 내려져서 확정 판결이 나면 사형집행 시한이 법률상 규정된 바가 없기 때문에 사형판결과 동시에 즉시 형이 집행되었습니다. 그리고 범인의 사형은 공개집행이 원칙이었고 집행일시는 관할 정무관인 총독이 결정을 했습니다. 이 로마법의 원칙대로 예수님의 십자가형도 공개 집행되었습니다.

모든 사형수는 사형 집행 전에 공개 채찍형을 받은

후에 성문 밖 사형 집행장까지 노예처럼 자기 십자가를 지고 가게 되어있습니다. 그래서 마태복음과 마가복음에 보면 "예수님을 채찍질하고 십자가에 못 박히도록 넘겨주었다"고 기록되어 있습니다.[4] 이와 같이 십자가형이 집행된 후에 사형수의 시체는 유족에게 인도함이 없이 사형장에 방치되었습니다. 나중에 언급하겠지만 예수님은 죄인들과 같이 골고다에 매달려서 날짐승들의 밥이 되어야 했지만 하나님의 간섭으로 아리마대 요셉이 판 새 무덤에 묻히게 되었습니다.

---

4) (마 27:26, 개정) 이에 바라바는 그들에게 놓아 주고 예수는 채찍질하고 십자가에 못 박히게 넘겨 주니라.
 (막 15:15, 개정) 빌라도가 무리에게 만족을 주고자 하여 바라바는 놓아 주고 예수는 채찍질하고 십자가에 못 박히게 넘겨 주니라.

4. 본디오 빌라도 총독의 예수 재판

 우리는 이제부터 누가복음 23장에 나온 빌라도 총독의 예수님의 심판에 관한 내용을 구체적으로 살펴 보겠습니다. 본디오 빌라도는 주후 26년 로마의 티베리우스 황제에 의하여 임명된 제5대 유대총독으로서 주후 36년경까지 재임하다가 로마로 소환된 사람입니다.

 "무리가 다 일어나 예수를 빌라도에게 끌고 가서" (눅 23:1). 이 말씀은 유대인들이 겟세마네 동산에서 예수님을 체포한 후에 세 번에 걸친 유다 법정에서의 재판을 끝내고 빌라도에게 고소한 내용입니다.

● 6번에 걸친 예수 심문과 무죄성 확인

 신약성경은 예수님이 십자가에 못 박히시기 전에 여섯 번에 걸쳐서 심문을 받으신 사실을 기록하고 있습니다. 여섯 차례 심문 가운데 세 번은 유대인 법정에서,

한 번은 헤롯 왕 앞에서 그리고 두 번은 본디오 빌라도 앞에서 심문을 받습니다. 빌라도의 심문 전에 있었던 세 번에 걸친 유대인의 법정은 맨 먼저 대제사장 안나스 법정, 그 다음에 대제사장 가야바 법정 그리고 세 번째는 유대인의 공회에서의 심문이었습니다.

이 세 번의 유대인 법정에서 유대인 교권자들은 예수님의 유죄를 밝혀내지 못했습니다. 그들의 거짓 증인들이 제출한 유죄의 증거는 확증되지 못했습니다.

그래서 어쩔 수 없이 유대의 대제사장이 "네가 찬송 받을 이의 아들 그리스도냐"라고 직접 심문합니다. 이 때 예수님은 "내가 그니라"라고 시인하시면서 "인자가 권능자의 우편에 앉은 것과 하늘 구름을 타고 오는 것을 너희가 보리라"고 말씀하셨습니다.[5]

---

5) (막 14:60-62, 개정) 대제사장이 가운데 일어서서 예수에게 물어 이르되 너는 아무 대답도 없느냐 이 사람들이 너를 치는 증거가 어떠하냐 하되 침묵하고 아무 대답도 아니하시거늘 대제사장이 다시 물어 이르되 네가 찬송 받을 이의 아들 그리스도냐 예수께서 이르시되 내가 그니라 인자가 권능자의 우편에 앉은 것과 하늘 구름을 타고 오는 것을 너희가 보리라 하시니.

예수님은 자신이 그리스도시요, 하나님 보좌 우편에 앉은 하나님의 아들 되심과 심판주 되심을 말씀하신 것입니다. 이것은 예수님의 참된 지위였습니다. 예수님은 하나님의 아들로서 이 땅에 그리스도의 사명을 수행하러 오셨으며 후에는 재림주요 심판주로 오실 것을 말씀하신 것입니다. 이 예수님의 말씀을 들은 대제사장은 자기 옷을 찢으며 예수님이 자신을 하나님과 동등되게 말한다고 해서 신성모독죄로 사형의 판결을 내렸습니다.[6]

● **유대인들이 예수님을 십자가형을 받도록 빌라도에게 고소한 의도**

그러나 유대인들에게는 사형 판결과 그 사형을 집행할 권한이 없었습니다. 중벌인 사형에 관한 판결과 집행은 로마 당국의 권한에 속한 것이었기 때문에 그렇습

---

[6] (막 14:63-64, 개정) 대제사장이 자기 옷을 찢으며 이르되 우리가 어찌 더 증인을 요구하리요 그 신성모독 하는 말을 너희가 들었도다 너희는 어떻게 생각하느냐 하니 그들이 다 예수를 사형에 해당한 자로 정죄하고.

니다. 그래서 누가복음 23:1에서, "무리가 다 일어나 예수를 빌라도에게 끌고 가서"라고 말하는 것입니다.

본디오 빌라도는 앞서 말한 대로 주후 26-36년간 팔레스타인의 로마 총독으로 재임을 했습니다. 그의 공식 관저는 가이사랴에 있었습니다. 그러나 그는 보통 유월절 기간 동안 예루살렘에 오는 군중을 감시하기 위해 예루살렘에 와서 머물렀습니다. 대체로 예루살렘의 빌라도 관저는 예루살렘 성내 서편 쪽에 있는 안토니아의 성에 있었던 것으로 보입니다. 이 빌라도가 머물고 있는 관저에 무리가 다 일어나서 예수님을 빌라도에게 끌고 간 것입니다.

여기서 우리는 공회의 회원들인 그들이 예수님을 끌고 빌라도에게 간 것은 사형 선고를 얻고자 함인 것을 알 수 있습니다. 그들은 예수님이 그리스도라고 증언한 것을 정치적으로 이용해서 로마에 대한 반역자로 만들고 그렇게 해서 사형을 확정 받고자 했던 것입니다. 이 무리들은 로마 형사법의 절차를 잘 이해한 자들이었습니다. 이 유대 교권자들은 유대가 로마 황제의 속주인 것을 알았고, 또 황제가 임명한 총독 빌라도가 관할 지역의 통치권을 행사한다는 사실을 잘 알았습니다. 그리고 속주의 총독인 빌라도가 주둔군 사령관으로서 군법을 적용하는 재판관의 권한이 있음도 알았습니다.

그리고 빌라도 총독이 재판관으로서 사형만 선고하면 즉시 집행이 가능하다는 황제 속주의 재판 형사 절차를 잘 알고 있었습니다. 그들은 로마 형사 재판이 매우 엄격하며 공정하게 집행된다는 로마법의 정신을 꿰뚫고 있었습니다.

그들은 예수님을 로마법을 위반한 자로 고소해서 로마 형법상 가장 악한 죄의 형벌인 십자가형으로 처형하고자 했습니다. 그렇게 해서 예수님이 엄격한 로마법과 형사 절차에 의해서 십자가형이라는 가장 중죄인으로 처형됨으로써 유대와 예수님을 따르는 제자들에게 절망을 주고자 했습니다. 신명기 21:23에 보면 "나무에 달린 자는 하나님께 저주를 받았음이니라"는 말씀이 예수님에게 임하게 하고자 한 것입니다. 예수님이 십자가에 달려 죽음을 당함으로 예수님이 하나님께 저주를 받아 죽은 것처럼 나타내고자 한 것입니다.

그들은 그러한 방법으로 '예수님이 그리스도인가' 하고 예수님을 따르는 자들에게 예수에 대하여 환멸을 느끼게 하고자 했던 것입니다. 유대 당국자들은 예수님 재판시에 예수님이 하나님의 아들이라고 말씀한 것을 가지고 신성모독 죄로 선언하고 유대 법정에서 대제사장이 사형을 선언했습니다. 그렇다면 그들은 율법대로 돌로 쳐죽여야 할 것이었습니다. 사도행전에 보면 그들은 스데반 집사를 돌로 쳐죽였지만,[7] 유대 교권자들은 예수님을 신성모독죄로 정죄했음에도 예수님을 돌로 쳐죽이지 않았습니다.

거기에는 그들 나름대로 숨겨진 의도가 있었습니다. 가령 예수님을 유대인들이 그들의 법대로 돌로 쳐 죽여

---

7) (행 7:59, 개정) 그들이 돌로 스데반을 치니 스데반이 부르짖어 이르되 주 예수여 내 영혼을 받으시옵소서 하고.

버린다고 한다면 예수님의 말씀대로 그들이 전에도 그랬듯이 이제도 선지자를 죽인 백성이 되어서 예수님이 선지자로 높임을 받아 더욱 예수님을 따르는 무리가 많아질 것으로 생각했습니다.

그래서 유대인들은 그런 식으로 예수님을 죽이지 않고 아주 교묘하게 예수님을 로마의 정치범으로 몰아서 재판받게 하여 십자가에 처형하도록 했습니다. 예수님을 따라다니는 모든 제자들로 하여금 예수님이 거짓 선지자인 것과 예수님이 주장했던 모든 메시아적 행위가 거짓이라는 결론을 얻게 해서 예수가 그리스도라는 운동을 종결시키려고 했던 것입니다.

● **유대인들의 예수님에 대한 세 가지 고소 내용과 그 허구성**

누가복음 23:2에 보면 그들은 이렇게 고발을 합니다.

고발하여 이르되 우리가 이 사람을 보매 우리 백성을

미혹하고 가이사에게 세금 바치는 것을 금하며 자칭 왕 그리스도라 하더이다.

유대 공회원들이 빌라도에게 고소한 것은 세 가지 조문이었습니다. 첫째, "우리 백성을 미혹하고"(눅 23:2) 백성을 미혹하여 치안을 교란한 자로 예수님을 고소한 것입니다. 둘째, 가이사에게 세금 바치는 것을 금했습니다. 로마 정부의 납세를 금지했다는 것입니다. 셋째, 유대인의 왕이라고 했다는 것이었습니다.

이런 세 가지 죄는 모두 정치적으로는 중범이며 당시 로마 정부가 특히 엄중하게 다스리는 죄목들이기도 했습니다. 그러나 이런 유대 공회원들의 고소는 완전히 거짓된 것이었습니다.

첫째, "우리 백성을 미혹했다"는 죄목은 그들이 교활하게 왜곡한 말이었습니다. 예수님에게는 수많은 군중이 따랐습니다. 그렇게 예수님을 따른 군중들을 정치적으로 해석하고 고의적으로 왜곡한 말이었습니다. 예수님의 교훈은 백성을 바르게 가르친 것이지 유혹한 것은 아니었습니다. 더욱이 예수님은 세상 나라가 아닌 하나님 나라의 복음을 가르치셨습니다.

둘째, "가이사에게 세금 바치는 것을 금하며." 이것도 전혀 거짓이었습니다. 예수님은 바로 며칠 전에 "가이사의 것은 가이사에게 바치라"고 말씀했습니다.[8]

셋째, "자칭 왕 그리스도"라고 했다는 말도 사실은 그들이 주장한 왕이라는 의미와는 전혀 반대였습니다. 그들의 주장은 예수님이 세상 유대 왕권을 주장했다는 것인데 예수님의 왕권은 정치적인 것이 아니라 영적인 것이었고, 하나님 나라 왕권을 주장하는 것이었습니다.

---

8) (눅 20:22-25, 개정) 우리가 가이사에게 세를 바치는 것이 옳으니이까 옳지 않으니이까 하니 예수께서 그 간계를 아시고 이르시되 데나리온 하나를 내게 보이라 누구의 형상과 글이 여기 있느냐 대답하되 가이사의 것이니이다 이르시되 그런즉 가이사의 것은 가이사에게, 하나님의 것은 하나님께 바치라 하시니.

● 빌라도의 예수 심문과 무죄 선언

이런 세 가지 고소를 들은 빌라도는 마지막 세 번째 조건을 중요시 여겨서 "네가 유대인의 왕이냐"(눅 23:2)라고 물었습니다. 그러자 예수님은 "네 말이 옳도다"라고 대답을 했습니다. 예수님은 "네가 유대인의 왕이냐"는 질문에 "네 말이 옳도다"라고 대답했습니다. 누가복음에는 더 상세한 대화가 없으나 요한복음 18:33 이하에는 보다 상세하게 빌라도와 예수님과의 대화가 나옵니다.[9] 예수님은 요한복음 18:36에서 자신이 유대인의 왕이라 할 때 그 왕된 성격을 이렇게 밝혔습니다.

---

9) (요 18:33-36, 개정) 이에 빌라도가 다시 관정에 들어가 예수를 불러 이르되 네가 유대인의 왕이냐 예수께서 대답하시되 이는 네가 스스로 하는 말이냐 다른 사람들이 나에 대하여 네게 한 말이냐 빌라도가 대답하되 내가 유대인이냐 네 나라 사람과 대제사장들이 너를 내게 넘겼으니 네가 무엇을 하였느냐 예수께서 대답하시되 내 나라는 이 세상에 속한 것이 아니니라 만일 내 나라가 이 세상에 속한 것이었더라면 내 종들이 싸워 나로 유대인들에게 넘겨지지 않게 하였으리라 이제 내 나라는 여기에 속한 것이 아니니라.

내 나라는 이 세상에 속한 것이 아니니라 만일 내 나라가 이 세상에 속한 것이었더라면 내 종들이 싸워 나로 유대인들에게 넘겨지지 않게 하였으리라 이제 내 나라는 여기에 속한 것이 아니니라(요 18:36).

빌라도는 예수님의 유대인의 왕에 대한 성격을 듣고 예수님이 로마 정권에 위협을 가져올 왕권이 아님을 확신하게 되었습니다. 더욱이 빌라도는 예수님의 왕 같지 않은 초라한 행색을 보고 예수님이 유대인의 왕이라고 고소하는 유대인들의 말을 신뢰하지 않았습니다.

마태복음 27:18[10]에 보면 빌라도는 유대인들이 시기로 예수님을 넘겨주는 줄을 알았다고 했습니다. 빌라도는 유대인들의 고소 내용에 있는 우스꽝스러운 특징을 분명히 파악했습니다. 그리고 그 고소자들의 격렬한 행동 속에 개인적인 불만이 개입되었음을 알아보았습니다. 그래서 요한복음을 보면 누가복음과는 좀 다

---

10) (마 27:18, 개정) 이는 그가 그들의 시기로 예수를 넘겨 준 줄 앎이더라.

르게 자세하게 예수님의 심문 결과 무죄임을 관정 밖으로 나가서 유대인들에게 밝히는 장면이 나옵니다.[11]

오늘 본문은 이런 과정이 생략되고 예수님을 심문한 후에 그의 무죄성을 빌라도가 확인합니다. 즉시 고소한 유대인들에게 예수님의 무죄성을 선언합니다. 누가복음 23:4에서 "빌라도가 대제사장들과 무리에게 이르되 내가 보니 이 사람에게 죄가 없도다"라고 말합니다. 빌라도의 첫 번째 무죄 선언입니다. 로마법을 속주에 집행하는 집행관으로서 당연한 선언을 한 것입니다. 빌라도는 교권자들의 억압에도 예수님의 무죄성을 간파했고 이를 공포했습니다.

---

11) (요 19:4-7, 개정) 빌라도가 다시 밖에 나가 말하되 보라 이 사람을 데리고 너희에게 나오나니 이는 내가 그에게서 아무 죄도 찾지 못한 것을 너희로 알게 하려 함이로라 하더라 이에 예수께서 가시관을 쓰고 자색 옷을 입고 나오시니 빌라도가 그들에게 말하되 보라 이 사람이로다 하매 대제사장들과 아랫사람들이 예수를 보고 소리 질러 이르되 십자가에 못 박으소서 십자가에 못 박으소서 하는지라 빌라도가 이르되 너희가 친히 데려다가 십자가에 못 박으라 나는 그에게서 죄를 찾지 못하였노라 유대인들이 대답하되 우리에게 법이 있으니 그 법대로 하면 그가 당연히 죽을 것은 그가 자기를 하나님의 아들이라 함이니이다.

이런 빌라도의 무죄선언에 유대인들은 반항했습니다. 5절을 보면 "무리가 더욱 강하게 말하되 그가 온 유대에서 가르치고 갈릴리에서부터 시작하여 여기까지 와서 백성을 소동하게 하나이다"라고 합니다. 유대 교권자들은 예수님의 십자가 사형의 음모가 실패할까봐 군중을 충동해서 빌라도를 억압하기 시작한 것입니다.

그런데 빌라도는 그가 갈릴리인이라는 말을 듣고 "그가 갈릴리 사람이냐?"고 묻습니다. 그러면서 자기 관할이 아니라고 생각해서 헤롯 관할에 속한 줄 알고 헤롯에게 보냅니다. 때에 마침 헤롯이 예루살렘에 있었습니다. 갈릴리는 빌라도의 관할이 아니었습니다. 빌라도는 유대와 사마리아와 그리고 이두매 이 세 지역을 다스리는 총독이었습니다. 그러므로 예수님을 갈릴리 사람으로 알고 갈릴리는 헤롯의 관할에 속하기 때문에 골치 아픈 이 사건을 헤롯에게 떠넘기려고 예수님을 헤롯에게 보냈습니다.

● 헤롯의 심문과 무죄

당시에는 유월절 기간이었으므로 헤롯은 유월절 제사 때문에 예루살렘에 와 있었습니다. 빌라도와 헤롯 두 지도자는 유월절 때에는 예루살렘에 거했습니다. 빌라도는 질서 유지를 위해서 예루살렘에 거했고, 헤롯은 유대 민족의 절기에 경의를 표함으로 백성의 인기를 얻기 위해서 예루살렘에 각각 와 있었던 것입니다. 이렇게 예수님은 빌라도에게서 헤롯에게 끌려가 심문을 받았습니다. 이때 예수님은 아무 말도 대답하지 않으셨습니다. 유대 교권자들은 힘써 고발했습니다. 그러나 헤롯도 끝내 예수님의 유죄를 인정하지 못하고 도로 예수님을 빌라도에게 보냈습니다. 그래서 할 수 없이 빌라도는 예수님을 위한 정식 재판정을 열지 않을 수가 없었습니다.

5. 빌라도의 정식 재판

● 정식 재판정을 열다(눅 23:13)

누가복음 23:13을 보면 "빌라도가 대제사장들과 관리들과 백성을 불러 모으고"라고 합니다. 그리고 그들 앞에서 또 다시 두 번째 무죄 선언을 합니다. 14절 이하를 보면 "이르되 너희가 이 사람이 백성을 미혹하는 자라 하여 내게 끌고 왔도다 보라 내가 너희 앞에서 심문하였으되 너희가 고발하는 일에 대하여 이 사람에게서 죄를 찾지 못하였고 헤롯이 또한 그렇게 하여 그를 우리에게 도로 보내었도다 보라 그가 행한 일에는 죽일 일이 없느니라"고 선언을 했습니다. 빌라도는 유대인들의 세 가지 고소 중에서 첫째만 취하고 납세 금지와 왕이라는 고소건은 무시했습니다.

● 빌라도의 예수 무죄 선언과 유대인들의 반항

그러면서 그는 14절에서 "너희가 이 사람이 백성을 미혹하는 자라 하여 내게 끌고 왔도다 보라 내가 너희 앞에서 심문하였는데 죄를 찾지 못했다"고 무죄를 선언했습니다. 그리고 더욱이 헤롯도 예수님의 무죄를 인정했다고 덧붙입니다. 이것은 재판장으로서 본디오 빌라도의 현명한 판단이었습니다.

그러나 빌라도는 때려서 놓겠노라고 말합니다.[12] 예수님에게서 죄를 찾지 못했으면서도 예수님을 때린다고 하는 것입니다. 아마 그것은 빌라도가 유대인들이 예수님에 대한 적개심이 강한 것을 알고 예수님을 매로 때려서 처참한 상태가 되게 해서 유대인에게 연민의 대상이 되도록 만들고자 한 것입니다. 그 후에 놓아 보내려는 선한 의도를 가졌다고 봅니다. 그러나 분명한 악

---

12) (눅 23:15-16, 개정) 헤롯이 또한 그렇게 하여 그를 우리에게 도로 보내었도다 보라 그가 행한 일에는 죽일 일이 없느니라 그러므로 때려서 놓겠노라

행이었습니다.

그리고 명절을 당하면 반드시 한 사람을 놓아주는 로마 정부의 관습에 따라서 빌라도는 예수님을 놓아줄 요량으로 예수님과 바라바 중에 하나를 놓아주겠다고 했습니다. 그러나 18절을 보면 "무리가 일제히 소리질러 이르되 이 사람을 없이하고 바라바를 우리에게 놓아주소서" 하고 요구를 했습니다. 무리들이 대제사장들과 장로들의 충동을 받아서 이런 요구를 한 것이었습니다. 누가복음 23:19에 보면 "이 바라바는 성중에서 일어난 민란과 살인으로 말미암아 옥에 갇힌 자러라"라고 말합니다. 유대 민족은 바라바냐 그리스도냐의 선택에서 바라바를 택했습니다.

그래도 재판관 빌라도는 정의를 세울 책무가 있어서 어떻게 해서든지 예수님을 놓아주려고 합니다. "빌라도가 예수를 놓고자 하여 다시 그들에게 말하되"(20절). 그러나 21절에서 "그들은 소리 질러 이르되 그를 십자가에 못 박게 하소서 십자가에 못 박게 하소서"라고 합니다. 무리들은 예수님을 죽이려 했을 뿐만 아니라 아주 잔인한 죽음을 맛보게 하려고 했습니다. 그들은 예수님이 십자가에 못 박히는 것 말고는 직성이 풀리지 않았습니다. "십자가에 못 박게 하소서 십자가에 못 박게 하소서." 이 말은 사탄 역사의 절정이라고 봅니다.

● 빌라도의 세 번째 예수 무죄 선언과 유대인들의 위협

그러나 재판장 빌라도는 세 번째로 무죄를 선언하면서 그들의 요구를 거절했습니다. "빌라도가 세 번째 말하되 이 사람이 무슨 악한 일을 하였느냐 나는 그에게서 죽일 죄를 찾지 못하였나니 때려서 놓으리라"(22절). "세 번째 말하되"라고 합니다. "세 번째 나는 그에게서 죄를 찾지 못했다"라고 선언했습니다. 여기서 중요한 것은 '세 번째'에 강조점이 있습니다. 재판관 빌라도는 세 번씩이나 예수의 무죄를 선언한 것입니다. 어떻게 해서든지 무죄한 예수를 구하려고 노력을 했습니다.

그러나 무리들은 양보하지 않았습니다. 23절에 보면 "그들이 큰 소리로 재촉하여 십자가에 못 박기를 구하니 그들의 소리가 이긴지라"라고 합니다. 그들이 큰 소리로 재촉해서 십자가에 못 박기를 구했기에 그들의 소리가 이겼다는 것입니다.

● **총독의 지위 유지를 위한 빌라도의 굴복**

빌라도가 유대인들의 요구를 허락해 예수님을 십자가에 못 박도록 한 것은 요한복음에 보면 더 분명한 이유가 있습니다. 그 자신의 총독 지위를 유지하기 위해서 불의의 재판을 한 것입니다. 그는 그를 유대 총독으로 임명한 로마 황제 티베리우스에게 의심되는 행위를 해서는 안 되었습니다.

유대 교권자들은 이 사실을 이용해서 빌라도 총독을 위협했습니다. 요한복음 19:12 이하에 보면 이런 모습이 자세하게 나옵니다. "이러하므로 빌라도가 예수를 놓으려고 힘썼으나 유대인들이 소리 질러 이르되 이 사람을 놓으면 가이사의 충신이 아니니이다 무릇 자기를 왕이라 하는 자는 가이사를 반역하는 것이니이다." 그들은 이렇게 위협을 했습니다. 간악한 유대인들은 예수님을 가이사에 대한 반역자로 규정하고 이런 반역자를 놓아주면 빌라도 자신도 반역자가 된다고 위협했습니다.

이것은 빌라도의 신분과 지위에 대한 치명적인 공세였습니다. 당시 로마 황제 티베리우스는 의심과 시기심이 많았고 자기 지위를 엿본다고 의심되는 사람들을 많이 죽이고 희생시켰습니다. 그러므로 빌라도는 항상 자신에 대한 주의를 해야 했고 단 한 가지라도 자신에 대해서 좋지 않은 정보가 황제에게 들어가는 것을 원하지 않았습니다. 그가 로마에 대한 충성을 표시하는 것과 이 보잘것없는 이상한 한 유대인의 편을 드는 것 중에서 하나를 선택하게 되었을 때 그는 단연코 로마에

충성하는 편에 서지 않을 수 없었습니다.[13]

● **예수님에 대해 십자가형 언도**(눅 23:23)

그러므로 이런 배경을 간파하고 있는 무리들의 그 공세에 빌라도가 굴복하고 말았습니다. "그들의 소리가 이긴지라." 24절에서는 "이에 빌라도가 그들이 구하는 대로 하기를 언도하고"라고 말합니다. 빌라도는 그의 지위확보를 위한 욕망 때문에 무죄한 자를 로마의 십자가형에 언도하고 말았습니다. 빌라도는 그의 양심에 반한 불의의 재판을 한 자가 되고 말았습니다. 사형언도는 로마법상 어디까지나 총독의 관할에 속하여 있

---

13) 우리는 부록에 있는 레리 오버스트리트의 논문인 "로마법과 그리스도의 재판"에서 빌라도가 유대인의 욕구에 굴복한 배경을 더 자세히 찾아볼 수 있다. "빌라도가 헤롯의 궁전 안에 한 신(神)으로서 황제의 이름이 새겨진 황금 방패들을 걸었다. 유대인들은 이것에 대해서 매우 심하게 반대했고 황제 자신도 빌라도를 책망했으며 그것들을 옮기라고 명령했다. 이 사건은 주후 32년에 있었다. 이 사건은 예수님의 죽음 직전인 1년 전 정도에 발생했다. 이 사건은 빌라도가 예수님을 사형으로 처리하는 데 있어서 중요한 배경을 형성한 것이다."(pp.91-101 참조할 것)

으므로 그는 언제든지 자신의 소신을 관철할 수가 있었습니다. 그러나 그에게는 소신의 관철보다 민중의 인기를 보존하여 자신의 총독직을 유지하는 것이 더 중요했기 때문에 군중의 요구에 굴복하였습니다. 빌라도는 역사의 대죄인이 되고 말았습니다.

6. 그리스도 십자가형의 집행

● 로마법에 따라 즉시 사형 집행

이러한 총독의 중형선고에 대한 피고의 상소는 허용되지 않았습니다. 그래서 로마법에 따라 총독의 십자가 사형의 선고가 나자마자 역시 로마법대로 사형집행이 즉시 집행되었습니다. 오늘날에는 재판정에서 사형 언도가 되면 즉시 집행하지 않습니다. 교도소에 수감한 후에 특정한 날짜를 정해서 별도로 집행을 합니다. 그러나 로마법에는 확정 판결이후 사형 집행시한이 법률상 규정된 바 없기 때문에 사형 판결과 동시에 형을 집행할 수 있었습니다. 그리고 범인의 사형은 공개집행의 원칙이 적용되었습니다. 모든 사형수는 형 집행 전에 공개 채찍형을 가한 후에 처형되었습니다.

그래서 마태복음 27:26에 보면 "이에 바라바는 그들에게 놓아 주고 예수는 채찍질하고 십자가에 못 박히게 넘겨 주니라"고 해서 로마법의 절차를 따라서 예수님의 십자가형이 집행되었음을 알 수 있습니다.

● 해골이라는 곳에 이르러 십자가에 못 박힘(눅 23:33)

그리고 누가복음 23:33에 보면 "해골이라 하는 곳에 이르러 거기서 예수를 십자가에 못 박고 두 행악자도 그렇게 하니 하나는 우편에, 하나는 좌편에 있더라"고 말합니다. 예수님은 로마형법상 가장 중형이고 가장 잔인한 사형집행 방식인 십자가형에 의해서 처형되었던 것입니다. 예수님의 죽음은 불의의 사고로 죽은 것도 아니고, 자객의 손에 의해 죽은 것도 아니고, 자연사한 것도 아니고, 로마법정의 사형선고를 받고 죽으셨습니다.

당시 로마제국은 이 지상 어느 민족보다 더 정교하고도 발달된 법체계를 가지고 있었습니다. 예수님은 당시 세계 최고 재판권을 대표하는 로마의 재판관에게서 심문을 받고 사형선고를 받은 것이었습니다. 예수님은 로마의 형벌에 따라 가장 비열한 죄수와 인간의 찌꺼기로 간주되어 로마 법률의 극형, 십자가형에 처형되었습니다.

7. 그리스도 십자가형의 의의

● 그리스도 십자가 사건은 인류 구속을 위한 세계적 사건

예수님이 이렇게 당시 세계 최고의 재판권을 대표하는 로마 총독 빌라도 재판관에게서 심문을 받고 십자가형을 선고받은 것은 매우 의미심장한 일이었습니다. 무엇보다도 그리스도의 십자가의 사건은 세계 한 구석에서 일어난 국지적인 사건에 불과한 것이 아니었습니다. 그리스도의 십자가의 사건은 인류 구속을 위한 세계적 사건이 되어야 했던 것입니다.

하나님은 그리스도의 십자가의 대속의 사건이 세계적인 사건이 되게 하기 위해서 원대한 하나님의 경륜상 로마라는 나라를 일으켜서 준비하고 그 나라에 발전된 법문화와 세계적인 통치제국을 이루게 하셨습니다.

7. 그리스도 십자가형의 의의 73

● 시오노 나나미의 『로마인 이야기』
(인생무상인가? 아니다! 하나님의 주권과 섭리다)

 시오노 나나미라는 일본인 작가가 쓴 『로마인 이야기』라는 유명한 책이 있습니다. 이 책은 수년 전에 서울대학생 도서 대출 1위에 오른 책이기도 합니다. 상당수 사람들이 이 좋은 책을 많이 봅니다. 시오노 나나미가 『로마인 이야기』 제2권 서두에서 이런 글을 쓰고 있습니다. 『로마인 이야기』 제2권의 주제는 한니발 전쟁입니다. 그는 "지성적으로 뛰어난 그리스인이며 또 경제력과 군사력을 갖춘데다 한니발이라는 시대의 명장까지 갖추고 있던 카르타고가 왜 로마인에게 패했을까?"라는 의문을 제기합니다. 그러면서 그가 로마인 이야기를 쓰는 집필 방향을 이렇게 말합니다. "어떤 사상과 어떤 윤리 도덕도 심판하지 않고 인생무상을 숙명적으로 짊어진 인간의 행적을 취재하고 싶다"

 시오노 나나미는 왜 로마라는 나라가 그리스나 카르타고를 정복하고 세계 최대의 제국을 이뤘는가에 대한 답을 얻지 못하고 있습니다. 한 개인이나 한 민족이나 한 국가의 영고성쇠를 인생무상이요 숙명으로 본 것입니다. 이것은 보통 세상 사람들이 갖는 인생관입니다. 대체로 하나님을 아는 지식이 없으며 예수님을 하나님의 아들 그리스도로 알지 못하는 세상 사람들은 우연설(우연이다)과 숙명설(운명이다), 이 두 가지 인생관을 갖고 삽니다.

그러나 성경은 이런 우연설이나 운명론을 절대적으로 배격합니다. 성경에 의하면 세상은 하나님의 세상입니다. 하나님이 통치하십니다. 그 아들 예수 그리스도께 하늘과 땅의 모든 권세를 주셔서 통치하십니다. 하나님의 섭리가 만물을 통치합니다. 초월적인 하나님의 통치의 섭리에 의해서 만사가 움직입니다.

하나님은 그의 말씀으로 자신의 뜻을 계시하셨습니다. 어느 누구도 하나님의 말씀에게 패배를 줄 수 없습니다. 하나님의 말씀이나 하나님의 뜻은 이루어지지 않는 것이 없습니다.

그리스도의 십자가는 신구약성경 말씀의 초점이요, 인류 역사의 분수령입니다. 모든 구약의 예언된 말씀이 그리스도의 십자가로 수렴되어 들어오면서 그 성취를 이루고 또 이 그리스도의 십자가로 인해서 미래의 은혜가 전개됩니다. 유대인들은 예수님의 공생애 기간에 예수님을 두 번이나 돌로 쳐 죽이려고 했습니다. 이것이 율법에서 정한 바 신성모독에 대한 벌이었습니다. 로마 지배기간에 유대인들에게 이 벌을 과할 권한이 있었는지에 대해서는 서로 상치되는 증거가 공존합니다.

그러나 예수님과 관련된 모든 사건을 주관하시는 하나님의 뜻과 목적은 분명합니다. 예수님은 돌 더미에 깔려 땅에서 죽을 것이 아니라 모든 사람이 보도록 들리워져야 하는 것입니다. 민수기 21:9에서 광야에서 놋뱀이 들린 것처럼 예수님도 들려야 하는 것입니다.[14] 이

---

14) (민 21:9, 개정) 모세가 놋뱀을 만들어 장대 위에 다니 뱀에게 물린 자가 놋뱀을 쳐다본즉 모두 살더라.

는 예수님이 친히 하신 말씀이기도 합니다.[15] 그러므로 이런 예수님의 말씀은 반드시 성취되어야 합니다. 구약의 모든 그리스도의 고난과 영광의 말씀은 성취되어야 합니다.

● 대속의 죽음을 위한 예수의 무죄성 입증

예수님은 공관복음에서 분명하게 자신이 예루살렘에 올라가서 이방인들에 넘겨져 죽임을 당할 것을 예언했습니다. 그러므로 예수님은 로마인의 손에 죽으셔야 하는 것입니다. 예수님의 죽음은 국지적인 것이 아니라 세계적인 사건이 되어야 했습니다. 그리고 당시 세계 최고의 재판권을 대표하는 로마의 재판관에게서 심문을 받을 때 예수님의 무죄성이 분명히 드러나야 했습니다.

---

15) (요 3:14, 개정) 모세가 광야에서 뱀을 든 것 같이 인자도 들려야 하리니.

왜냐하면 예수님의 십자가형이 예수님의 죄 때문이 아니라 우리의 죄 때문에 저주받은 형벌이 된다는 사실을 입증해야 했기 때문입니다. 우리는 예수님이 십자가에 못 박히시기 전에 여섯 차례의 심문을 받았다는 사실을 통해서 예수님의 무죄가 분명하게 드러났음을 알고 있습니다.

특히 로마 총독 빌라도의 두 번에 걸친 심문을 통해서 예수님의 무죄성은 분명하게 드러났습니다. 빌라도는 예수님의 무죄를 확신하였고, 유대인들이 예수님의 유죄 증거를 내놓지 못함을 알았으면서도 자신의 총독직을 안전하게 유지하기 위해서 십자가형이라는 불법의 판결을 언도했던 것입니다.

예수님은 우리 인간들과 달리 죄가 없으신 분입니다. 예수님은 아담의 후손으로 죄를 전가받고 태어난 원죄를 가진 사람이 아니었습니다. 예수님은 성령으로 잉태되어 죄 없으신 무죄한 사람으로 이 세상에 태어나신 분이었습니다.

그래서 예수님은 타고난 죄도 없으신 분이었습니다. 예수님의 존재 그 어느 곳에서도 아무 죄를 찾아볼 수가 없습니다. 죄를 통해 인간을 지배하고자 하는 사탄은 예수님 안에서 어떤 죄의 교두보도 찾을 수가 없었습니다. 예수님 안에는 육신의 정욕도 없었고, 죄에 대한 친숙함도 없었고, 죄에 대한 성향도 전혀 없었습니다. 내면에서 오는 시험의 가능성도 전혀 없었습니다. 어떤 면에서든지 예수님은 타락하지 않았으며 어떤 면에서도 예수님의 본성은 부패되지 않았습니다.

또 예수님은 타고난 죄가 없을 뿐만 아니라 그의 삶 가운데 어떤 죄도 짓지 않았습니다. 예수님은 죄의식도 갖고 계시지 않았습니다. 예수님은 결코 용서를 구하는 기도를 하나님께 드리지 않았습니다. 예수님은 결코 결점을 고백하지 않았습니다. 그와 반대로 예수님은 자신이 행하고 생각하고 말한 모든 것을 정확하게 하나님의 뜻에 순응하셨습니다. 예수님은 모든 의를 이루셨습니다.

● 그리스도의 죽음과 부활의 복음

 그리하여 무죄하신 예수님은 십자가에서 대속의 죽음으로 모든 인류의 죄악을 친히 담당하실 수가 있었습니다. 예수님은 모든 인류를 위한 속죄 제물로 십자가에서 하나님께 드려졌습니다. 하나님은 예수님을 죽은 자 가운데서 다시 살리시므로 예수님의 속죄의 죽음이 하나님께 받아들여졌다는 것을 확증하셨습니다. 이러한 그리스도의 사건을 바울 사도는 로마서 4:25에서 이렇게 말했습니다. "예수는 우리가 범죄한 것 때문에 내줌이 되고 또한 우리를 의롭다 하시기 위하여 살아나셨느니라." 아멘!

 그리스도의 십자가의 죽음으로 하나님과 우리 사이에 막힌 죄악의 담이 무너졌습니다. 그리스도의 십자가의 피로 인하여 우리가 구속되었고, 그리스도의 십자가의 피로 인하여 의롭게 되었으며, 그리스도의 십자가의 피로 인하여 우리가 하나님과 화목하게 되었고, 그리스도의 십자가의 피로 인하여 죄의 조성자인 사탄은 정복되었습니다. 그리스도의 십자가가 그리스도의 복음의 핵심입니다. 인간의 지긋지긋한 죄가 처리된 곳은 그리스도의 십자가 대속의 죽음이었습니다.

그러나 부활이 없으면 그리스도의 죽음의 효과는 있을 수가 없습니다. 그리스도의 부활은 예수님이 하나님의 아들로서 그의 죽음이 사죄의 능력이 있음을 공개적으로 확증하는 것이었습니다.

● 그리스도의 부활을 막고자하는 유대인과 빌라도의 조치

하나님은 이 그리스도의 부활이 비록 초자연적 사건이지만 역사적 사건인 것을 입증하기 위하여 예수님이 장사된 무덤을 로마 통치권을 대표하는 인봉을 하게 하고 경비병을 보내 굳게 지키도록 섭리하셨습니다. 마태복음 27장에 보면 유대인들의 모략이 나옵니다. 그들은 빌라도 총독의 권력을 의지해서 예수님의 부활을

막아보고자 하였습니다. 그러나 놀랍게도 그들의 철저한 경비태세로 말미암아 예수님의 부활은 누구도 부정할 수 없는 역사적 사건이 되고 말았습니다. 하나님의 인류 구원 사건인 그리스도의 죽음에서 부활의 사건을 누가 감히 막을 수 있겠습니까?

마태복음 27:62 이하에서 다음과 같이 말하고 있습니다.

> 그 이튿날은 준비일 다음 날이라 대제사장들과 바리새인들이 함께 빌라도에게 모여 이르되 주여 저 속이던 자가 살아 있을 때에 말하되 내가 사흘 후에 다시 살아나리라 한 것을 우리가 기억하노니 그러므로 명령하여 그 무덤을 사흘까지 굳게 지키게 하소서 그의 제자들이 와서 시체를 도둑질하여 가고 백성에게 말하되 그가 죽은 자 가운데서 살아났다 하면 후의 속임이 전보다 더 클까 하나이다 하니 빌라도가 이르되 너희에게 경비병이 있으니 가서 힘대로 굳게 지키라

하거늘 그들이 경비병과 함께 가서 돌을 인봉하고 무덤을 굳게 지키니라(마 27:62-66).

유대인들은 예수님을 정성껏 장사할 사람(아리마대 부자 요셉)에게 그 시체가 주어진 일에 대해 매우 당혹스러워 하였으나, 이미 그렇게 처리된 일이므로 무덤에 경비병을 세워 지키기를 원했습니다. 그 이유로 그들은 예수님의 제자들이 와서 시체를 도둑질하여 가고 백성들에게는 부활했다고 말하리라는 것이었습니다. 그들은 예수님이 살아있을 때에 "내가 사흘 후에 다시 살아나리라"고 한 말씀을 기억하였습니다. 그들은 사실 예수님이 부활할 것을 두려워했습니다. 그러므로 그들은 빌라도에게 예수님이 장사된 무덤을 굳게 지켜주도록 요구했습니다.

그러나 예수님의 제자들이 예수님의 시체를 도둑질한다는 것은 전혀 가능성이 없는 일이었습니다. 왜냐하면 제자들은 예수님이 살아 있는 동안에도 예수님을 따를 용기가 없었는데, 무덤에 있는 예수님 시체를 훔쳐 예수님의 부활을 거짓으로 주장한다는 것은 상상할 수 없는 일이었습니다. 그들은 예수님의 부활을 믿지도 않았습니다. 그러므로 유대인들이 예수님의 무덤을 굳게 지켜주기를 요구한 것은 실로 예수님의 부활을 두려워한 것이 분명합니다.

유대인들의 요구에 빌라도는 허락했습니다. 그래서 그들은 경비병과 함께 가서 돌을 인봉하고 무덤을 굳게 지켰습니다. 이 인봉은 당시의 유대인의 모략과 로마정권을 대표하는 것이었습니다. 이 인봉을 뜯는 것은 로마정권에 도전하는 것으로 죽음을 자초하는 일이었습니다. 한편 경비병들은 엄한 군률을 가진 로마 군인들이었습니다. 로마 군률은 죄수가 도망가면 파수보는 자가 대신 죽어야 하는 것이었습니다. 우리는 사도행전 16:27에서 보면 간수가 자결하려는 것을 볼 수 있으며, 사도행전 12:19에서 보면 파수꾼들은 죽임을 당하였습니다.

그러므로 가장 잘 훈련된 로마 군인들이 지킴으로 인하여 예수님이 매장된 무덤에는 누구든지 접근하는 것이 불가능했고, 더욱이 누가 와서 무덤에 넣어놓은 예수님의 시체를 도둑질한다는 것은 있을 수가 없는 것이었습니다.

● 예수부활의 역사적 사실

그러나 마태복음 28:1 이하를 보면 안식일이 다 지나고 안식 후 첫날이 되려는 새벽에 큰 지진이 나고 예수님은 죽은 자 가운데서 부활하여 무덤에서 나오셨습니다. 지키던 경비병들은 떨며 죽은 사람과 같이 되었습니다. 경비병 중 몇이 성에 들어가 모든 된 일을 대제사장들에게 알렸습니다. 그들은 지진이 일어난 일, 천사가 내려 온 일, 돌이 굴려진 일, 예수님의 몸이 무덤 바깥으로 나온 일 등을 다 알렸을 것입니다. 이 소식은 그들을 낙담시켰을 것입니다. 그러나 그들은 회의를 하여 예수님이 부활한 것을 믿지 않기로 결의하고 군인들에게 돈을 주어 매수하고 밤에 와서 그들이 잘 때에 제자들이 도둑질하여 갔다고 거짓말을 퍼뜨리게 하였습니다.

그러나 경비를 서면서 잠을 자는 것에 대해 로마법으로 규정해 놓은 형벌이 극심하여, 군인들이 반대할 것을 염려하여, 그들은 총독에게 말을 잘해 놓겠다고 약속하였습니다(마 28:14). 예수님이 하나님의 아들이심을 입증하는 큰 증거는 바로 그의 부활입니다. 또한 이 로마 군인들만큼 그 진리를 확신하게 하는 증거를 가진 자도 없었던 것입니다.

그러므로 그리스도의 복음의 핵심인 그리스도의 십자가의 사건을 의심 없이 믿으시기 바랍니다. 그리스도의 십자가는 로마법에 의해서 온 천하에 명명백백하게 나타난 역사적 사건이고 역사적 사실이었습니다. 믿으시기를 바랍니다.

8. 역사적인 그리스도의 사건(죽음과 부활의 사건)에 인생을 설계하라

● **역사적인 그리스도의 사건만이 참된 구원의 근거이다.**

모든 그리스도인은 1세기 로마의 속주 유대 땅 예루살렘에서 로마법에 따라 집행된 역사적 그리스도의 사건 위에 자신의 신앙을 근거로 세우고 이것을 굳게 믿고 살 때 참된 구원의 근거를 갖게 됩니다.

이 그리스도의 십자가의 사건이라는 역사적 사실의 복음 위에 인생을 기초한 자는 비가 내리고 창수가 나고 바람이 불어도 그 인생이 무너지지 않고 견고하게 서 있을 것입니다. 십자가의 그리스도의 사건을 믿고 그 그리스도의 사건에 인생을 의지하고 사는 자는 망하지 않습니다. 그리스도 안에 있는 자는 어느 경우에도 망하지 않습니다. 시련은 있겠지만 시련 후에는 반드시 우리 주님의 고난과 영광처럼 승리가 기다리고 있습니다. 세상에 그 어떤 시련이나 고난이나 핍박이나 기근이나 적신이나 위험이나 칼이라도 그리고 다른 어떤 피조물이라도 그리스도의 십자가의 사랑에서 우리를 끊을 수가 없는 것입니다(롬 8:35-39).[16]

● **역사적인 그리스도의 십자가 사건의 의미에 대한 반복적 강조**

말씀을 정리하면서 마치고자 합니다. 예수님은 그리스도시요 살아 계신 하나님의 아들입니다. 예수님은 하나님의 아들 그리스도라는 증거로 십자가에 못 박혀 죽으시고 죽은 자 가운데서 부활하셨습니다. 이 그

---

16) (롬 8:35-39, 개정) 누가 우리를 그리스도의 사랑에서 끊으리요 환난이나 곤고나 박해나 기근이나 적신이나 위험이나 칼이랴 기록된 바 우리가 종일 주를 위하여 죽임을 당하게 되며 도살 당할 양 같이 여김을 받았나이다 함과 같으니라 그러나 이 모든 일에 우리를 사랑하시는 이로 말미암아 우리가 넉넉히 이기느라 내가 확신하노니 사망이나 생명이나 천사들이나 권세자들이나 현재 일이나 장래 일이나 능력이나 높음이나 깊음이나 다른 어떤 피조물이라도 우리를 우리 주 그리스도 예수 안에 있는 하나님의 사랑에서 끊을 수 없으리라.

리스도의 죽음과 부활의 십자가의 복음으로 여러분의 인생의 모든 문제가 처리되고 해답을 얻습니다. 이 그리스도의 십자가의 복음으로 깊이 뿌리내리기를 기원합니다.

이 그리스도의 복음으로 깊이 뿌리내리는 첩경은 그리스도의 십자가의 사건이 역사적 사실임을 확실히 이해하고 믿고 확신하는 것입니다. 예수님이 바로 그리스도의 십자가의 사건의 주인공입니다. 복음이란 역사적 예수에 대한 좋은 소식입니다. 예수님은 그리스도의 직함을 수행하시기 위해서 성경대로 우리 죄를 위하여 십자가에서 못 박혀 죽으시고 장사지낸 바 되었다가 성경대로 사흘 만에 다시 살아나셨습니다.

예수님의 그리스도로서의 죽음은 1세기 로마라는 역사 속에서 이루어진 사건이었습니다. 당시 세계 최고의 재판권을 대표하는 로마의 재판관 본디오 빌라도에게서 심문을 받고 십자가형의 선고를 받아 로마법에 따라 집행된 것입니다.

우리는 빌라도가 로마의 재판권을 행사하는 재판관으로서 그가 두 번의 공식적 심문 가운데서 예수님의 무죄를 확신하고 선언했음에도 그의 총독 지위를 유지하기 위해서 불법의 재판으로 십자가형을 선고했음을 지켜보았습니다. 우리 주 그리스도께서 교수형이나 참수형이 되거나 돌로 쳐 죽임을 당하지 않고 십자가에 못 박혀 죽으셨다는 것은 특별한 의의를 가진 것이었음을 앞서 말씀드렸습니다. 당시 문명세계에서 가장 발전되고 정의로운 로마법에 따라서 그리스도는 가장 비열한 죄수와 인간의 찌꺼기로 간주되어서 로마 십자가형의 극형에 처형당했습니다.

이렇게 해서 그리스도의 죽음은 국지적인 것이 아니라 세계적인 사건이 될 수가 있었고, 또 당시 세계 최고의 재판권을 대표하는 로마의 재판관의 심문을 통해서 무죄가 선언되었습니다. 그럼에도 예수님이 로마인의 손에 의해서 십자가형이 선고되었다는 것은 예수님의 죽음이 우리의 죄 때문임을 분명하게 입증한 것입니다.

더욱이 유대인들과 이방인 빌라도가 합작해서 무죄하신 예수님을 십자가에 못 박혀 죽게 하심으로서 그리스도의 죽음은 유대인뿐만 아니라 이방인 모두의 죄를 담당하기 위함인 것이기도 하였습니다.

● **그리스도의 사건을 믿고 그 위에 선 자는 절대 망하지 않는다**

그리스도의 십자가의 사건은 1세기 로마라는 나라와 로마의 법 절차에 따라 집행된 역사적인 사건이었습니다. 이 역사적인 그리스도의 십자가의 사건을 여러분의 구원의 근거로 굳게 믿고 의지하기를 바랍니다. 지금까지 "예수님이 하나님의 아들이다. 예수님이 나를 위하여 십자가에 못 박혀 죽으시고 부활했다." 이렇게 단순히 믿는 신앙에서 여러분이 그리스도의 역사적 사건을 확실하게 이해하고 그 신앙으로 살아간다면 여러분의 신앙은 한 단계 올라간 것입니다. 역사적인 그리스도의 사건을 구원의 근거로 의지하고 사는 자는 어떤 역경이나 환란이나 핍박 앞에서도 견고히 서서 이겨내고 마침내 승리하게 되어 있습니다.

제 자신이 이 사건의 증인입니다. 저는 이 역사적인 사건을 한국과 세계의 교회에 계속 증거하는 자가 되리라고 결심을 했습니다. 오늘날 많은 교회에서는 이 역사적 사건을 설교의 중심내용으로 하기보다는 내면적으로 예수님을 모시면 마음에 평안이 오고 응답도 오니 "이렇게 믿어라"는 식으로 권면하여 결국 다른 종교와 같은 내용의 설교를 하는 경향이 있습니다. 다른 모든 종교도 믿으면 평안이 오고 어쩌다 보면 그들에게도 기적이 나타납니다. 그러나 그리스도의 복음은 그렇지 않습니다. 그리스도의 복음은 역사적 사건, 본디오 빌라도 치하에서 나타난 로마법에 따라서 나온 십자가의 사건 위에 기초하고 있는 것입니다.

그러므로 여러분 모두가 이 역사적 그리스도의 사건을 구원의 근거로 참되게 믿는 자가 되어 여러분에게 나타나는 어떠한 인생의 난제에도 흔들리지 말고 답을 얻는 자가 되며 그리스도 안에 있는 무한한 축복을 누리면서 평생을 승리의 삶으로 살아가기를 주의 이름으로 축원합니다. 기도하겠습니다. 여러분의 신앙의 근거가 어디 있는가를 알고 고백 하시기를 바랍니다.

살아계신 아버지 하나님! 은혜를 감사합니다. 우리의 신앙의 근거가 역사적인 그리스도의 사건 속에 확증되었다는 사실을 우리가 바로 알고, 로마법에 따라서 집행된 본디오 빌라도 총독의 십자가형의 선고를 통해서 그리스도의 십자가형의 죽음이 확증되었고 무죄한 것을 알면서도 본디오 빌라도가 자신의 지위를 유지하기 위해서 유죄판결, 사형판결을 내림으로 인해서 유대인들과 이방인들의 모든 죄로 인하여 예수님은 십자가에 못 박혀 죽은 자가 된 것을 믿게 하시니 감사합니다. 뿐만 아니라 우리 주님께서 이렇게 당시 세계 최고의 재판권을 대표하는 로마의 재판관에게서 심문받고 사형언도를 받음으로 인해서 그리스도의 십자가의 사건이 국지적인 것이 아니라 세계적인 인류구원을 위한 사건이 된 것을 믿게 하시니 감사합니다. 더욱이 유대인들이 로마권력을 의지하여 예수 부활을 막고자 경비병들로 굳게 지키게 함으로 인해서 예수님의 부활이 허구가 아니라 초자연적인 사건이면서도 역사 속에서 일어난 사건임을 밝혀주신 하나님의 섭리에 영광을 돌립니다. 오늘 우리 모두가 이 그리스도의 십자가 죽음과 부활이라는 역사적 사건 위에 우리의 인생을 설계하는 자가 되기를 기도합니다. 이 구원의 그리스도의 사건이 우리의 참된 구원의 근거가 되기를 기도합니다. 이 구원의 근거 위에 인생을 설계해나가는 자들이 되어서 우리가 평생 그리스도의 복음을 통해서 날마다 하나님의 능력이 임하고 성령의 권능이 임하고 우리들에게 처한 모든 어려운 환경을 하나님의 능력으로 해결받고 하나님의 백성답게 승리하는 삶을 살아가도록 복을 내려주옵소서! 예수 그리스도의 이름으로 기도하옵나이다. 아멘!

부 록 (박철동 역)

1. 로마법과 그리스도의 재판
(Roman Law and the Trial of Christ)

R. 레리 오버스트리트

2. 그리스도의 재판의 법적인 관점들
(The Legal Aspects of the Trial of Christ)

헨리 M. 치버

1. 로마법과 그리스도의 재판

(Roman Law and the Trial of Christ)[17]

R. 레리 오버스트리트(R. Larry Overstreet)[18]

    십자가의 죽음으로 이어진 예수 그리스도의 재판들은 많은 책과 논문의 주제가 되어왔다. 이러한 연구들의 주된 경향은 그리스도에 대한 유대인들의 재판에 관하여 매우 깊이 있고 특별하게 다루었다는 것이다. 그러나 본디오 빌라도 앞에서의 그리스도의 재판에 관한 로마법의 측면을 다룬 내용들은 거의 없다. 바로 이 주제를 다루는 것이 본 논문의 목적이다.

---

17) R. Larry Overstreet, "Roman Law and the Trial of Christ", *Bibliotheca Sacra*, BSAC 135:540 (Oct., 1978) 323-335.
18) 미시간주 알렌 파크에 위치한 디트로이트침례신학교(Detroit Baptist Divinity School) 조직신학과 실천신학 조교수.

본 연구의 접근방향은 그 당시의 로마법과 로마 통치자 빌라도 양쪽 모두에 대해 '무엇이 알려졌느냐?' 하는 관점에서 그리스도의 재판을 분석하게 될 것이다. 사복음서들의 증거들이 고려될 것이다. 그때 빌라도 앞에서의 예수님의 재판에 관한 복음서들의 평가와 로마법은 만나게 될 것이다. 비록 예수님의 체포와 재판에 관한 세부 사항들에 대한 어떤 정확한 연대기적 순서는 예비적으로 검토될 수 있어도 그 평가를 결정하는 것은 어려운 문제이다. 그러나 운이 좋게도 일반적인 전체적 개요는 많은 저자들 사이에서 공통적으로 일치하고 있다.[19]

---

19) 예를 들면 다음을 참조하라: Johnston M. Cheney, *The Life of Christ in Stereo*, ed. Stanley A. Ellison (Portland, OR: Western Baptist Seminary Press, 1969); Alfred Edersheim, *The Life and Times of Jesus the Messiah*, vol. 2 (Grand Rapids: Wm. B. Eerdmans Publishing Co., 1974); John H. Kerr, *A Harmony of the Gospels* (Old Tappan, NJ: Fleming H. Revell Co., 1924); A. T. Robertson, *A Harmony of the Gospels* (New York: Harper & Row, 1950); William M. Reese, "The Interwoven Gospels," in The System Bible Study (Chicago: John Rudin & Co., 1967); and *The International Standard Bible Encyclopedia*, s. v. "Pilate, Pontius," by J. Macartney Wilson, 4:2396-98. See, for example, the following works: Johnston M. Cheney, *The Life of Christ in Stereo*, ed. Stanley A. Ellison (Portland, OR: Western Baptist Seminary Press, 1969); Alfred Edersheim, *The Life and Times of Jesus the Messiah*, vol.

● 한 인간으로서 본디오 빌라도

빌라도가 예수님의 재판을 어떻게 진행했는지를 검토하기 전에 빌라도라는 인물 자체를 먼저 아는 것이전체적인 통찰을 얻는 데 유용할 것이다. 몇몇 저자들은 빌라도의 이름으로부터 어떤 정보를 얻고자 한다. 여기에는 그의 조상과 후손과도 연관되어 있다. 다음 인용은 이러한 시도 중 대표적인 것이다.

> 본디오는 고대 로마의 족명(族名, nomen, 주로 둘째 이름에 해당-역자주)으로 혈통을 의미하며, 빌라도는 그의 후손이었다. 이것은 삼니움족(Samnite, 이탈리아 고대 민족-역자주)의 이름으로 가장 유명한 부족 중의 하나였다. 삼니움족들이 로마에 정복당하고

---

2 (Grand Rapids: Wm. B. Eerdmans Publishing Co., 1974); John H. Kerr, *A Harmony of the Gospels* (Old Tappan, NJ: Fleming H. Revell Co., 1924); A. T. Robertson, *A Harmony of the Gospels* (New York: Harper & Row, 1950); William M. Reese, "The Interwoven Gospels," in *The System Bible Study* (Chicago: John Rudin & Co., 1967); and *The International Standard Bible Encyclopedia*, s. v. "Pilate, Pontius," by J. Macartney Wilson, 4:2396-98.

흡수된 후에 본디오라는 이름은 로마역사 기록에서 종종 볼 수 있다. 셋째 이름인 빌라도는 본디오 민족(gens)의 한 부족 중에 속하거나 가족(familia)인 것으로 나타난다. 이것은 고대 로마의 자유인이 쓰는 밀짚모자(pileus)로부터 유래를 찾을 수 있다. 빌라도가 기마병 계급이었다는 것은 사실이 아닌 것 같다. 이것은 또한 창병(槍兵, spear)으로서 투창(投槍, pilum)과 연관하여 유래되어 왔다. 아마도 그 이름은 그의 조상들로부터 빌라도에게 내려왔고 오랫동안 그 이름의 의미를 상실했었다.[20]

이러한 인용과 연관해서 볼 때, 로마에서 기마병 지위를 성취하는 자유인들의 후손의 예에서 볼 수 있다.[21] 심지어 어떤 사람들은 원로원의 지위를 성취하였다. 그러므로 밀짚모자(pileus)로부터 유래되었다는 사

---

20) Wilson, "Pilate, Pontius," p. 23, 96.
21) Jérôme Carcopino, *Daily Life in Ancient Rome*, ed. H. T. Rowell, trans. E. O. Lorimer (New Haven: Yale University Press, 1975), pp. 56-61.

실이 정확하다는 것이 가능하다. 빌라도가 티베리우스(Tiberius) 황제로부터 임명된 유대 지역의 다섯 번째 통치자였던 것은 역사적 기록들에 의해서 명확하게 확인된다. 그는 시민, 군대 그리고 범죄 재판권에 대해 권한을 가진 통치자(procurator cum potestate)였다. 그는 주후 26-36까지 십 년 동안 이 직위를 가졌었다. 명확하게 알려지지 않은 어떤 기록에 의하면 그 당시에는 일반적이지 않은 시리아의 법률(legate)의 지배를 받았다.[22]

빌라도가 최소한 네 가지 다른 사건으로 자신과 유대인들 사이에 많은 적개심을 유발시켰다는 것은 잘 알려져 있다. 이러한 사건들 중, 첫 번째는 빌라도가 통치자로 임명된 직후에 있었다. 그 내용은 그와 그의 군인들이 황제의 형상이 새겨진 그들의 기장들(旗章, standards)을 예루살렘 성전 안에 놓은 것이다. 이것은 황제의 형상을 우상으로 간주하는 유대인들을 심하게

---

22) Wilson, "Pilate, Pontius," p. 2396. See also "Pilate," *Unger's Bible Dictionary* (Chicago: Moody Press, 1960), p. 865.

격노하게 만들었다. 빌라도는 유대인들에게 굴복했고 기장들을 가이사랴(Caesarea, 이스라엘 서북부에 있는 고대 로마의 팔레스타인 지역의 주도(主都)-역자주)로 보냈다.[23]

두 번째 사건은 누가복음 13:1에서 기록된 것과 같이 빌라도는 갈릴리 사람들이 희생제사를 드릴 때 몇 사람들을 명백하게 죽였다.[24]

세 번째 사건은 성전으로부터 받은 세금을 연회장을 건설하는 데 사용한 것이다. 유대인들은 이러한 신성모독을 또한 반대했었다. 그러나 빌라도와 그의 군인들은 막대기를 가지고 이런 시위를 하는 사람들을 때렸었다.

네 번째 사건은 빌라도가 헤롯의 궁전 안에 한 신(神)으로서 황제의 이름이 새겨진 황금 방패들을 걸었다. 유대인들은 이것에 대해서 매우 심하게 반대했고 황제

---

23) *Josephus Jewish Antiquities* (trans. Louis H. Feldman) 18.3.1, *Loeb Classical Library* (1963), pp. 42-47; *Josephus The Jewish Wars* (trans. H. St. J. Thackeray) 2.19.2-3, *Loeb Classical Library* (1927), pp. 389-91.
24) *Josephus Jewish Antiquities* 18.3.29, *Loch Classical Library*, pp. 46-47; *Josephus The Jewish Wars* 2.9.4, *Loeb Classical Library*, pp. 391-93.

자신도 빌라도를 책망했으며 그것들을 옮기라고 명령했다. 이 사건은 주후 32년에 있었다.[25]

여기서 빌라도가 최소한 한 번은 유대인들의 압력에 굴복했음을 보여준다. 황제 자신도 빌라도를 제지하기 위하여 간섭했었다. 마지막 사건은 특별한 의미를 준다. 왜냐하면 이 사건은 예수님의 죽음 직전인 1년 전 정도에 발생했기 때문이다. 이러한 역사적인 사건들은 빌라도가 예수님을 처리하는 데 있어서 중요한 배경을 형성한다.

● 통치자와 로마법

빌라도가 예수님을 다루는 데 네 가지 요소들이 있다. 빌라도의 권한, 속주국에서 로마시민권이 없는 사

---

25) *Philonis Alexandrini, Legatio ad Gaium*, xxxviii, ed. and trans. E. Mary Smallwood (Leiden: E. J. Brill, 1961), pp. 128-30. That this event is dated at A.D. 32 has been adequately presented by Harold W. Hoehner, "Chronological Aspects of the Life of Christ," *Bibliotheca Sacra 131* (October-December 1974): 344-45.

람들과는 다른 로마시민권자들의 권리, 로마법과 속주국들 자체의 지역법과의 관계, 반역죄에 대한 처벌[26] 등이다.

● 속주국 자체 지역법

일반적으로 말한다면, 로마법은 속주국 각 지역법을 많이 간섭하지 않고 자체적으로 행사하도록 허용했다. 쿤켈(Kunkel)은 "지역 행정, 속주국들의 자체 주민들과 이들 피지배 사람들에 대한 정치적 기능으로서 단순히 부여된 일반적인 많은 일들 사이에서 정의(justice)의 집행"[27]을 언급했다. 그러나 이러한 권한에 대한 분명한 예외는 로마집정관에 속한 사형판결을 포함하는 문제들과 같은 재판권이었다.

---

26) It will be observed that references to both criminal law and ius privatum are included in the discussion. It was deemed necessary to proceed thusly in order to illustrate the totality of the concept of Roman law at the time of Christ.

27) Wolfgang Kunkel, *An Introduction to Roman Legal and Constitutional History*, trans. J. M. Kelly, 2d ed. (London: Oxford University Press, 1975), p. 40.

이러한 예외 조항은 라이올(Lyall)에 의해 제기되어 왔다.

예를 들면 로마인들은 그리스도의 경우와 같이 사형판결을 시행할 권리는 그들 스스로의 권한으로 유지했다. 그러나 일상적인 행정은 그들의 관심사항이 아니었다.[28]

이러한 특별한 예외 조항은 유대인들이 다음과 같이 분명하게 말했던 점에서 빌라도에 의한 그리스도의 재판에서 절대적으로 중요하다. "유대인들이 대답하되 우리에게 법이 있으니 그 법대로 하면 그가 당연히 죽을 것은 그가 자기를 하나님의 아들이라 함이니이다"(요 19:7). 그러나 그들은 또한 말했다. "우리에게는 사람을 죽이는 권한이 없나이다"(요 18:31). 얼마의 기간이 지난 후에 유대인들이 불법적으로 스데반을 돌로 쳐 죽인

---

28) Francis Lyall, "Roman Law in the Writings of Paul-Aliens and Citizens," *The Evangelical Quarterly 48* (January-March 1976): 12.

사형집행을 행했던 것은(행 7:58) 안나스(요 18:13, 24)가 개입한 그리스도의 경우와는 큰 차이점이 있다. 주후 15년 안나스가 대제장이었을 때 그는 유대에 로마 집정관이 잠시 없었을 때 이 사형법을 어기도록 산헤드린을 이끌었다. 이러한 행위로 같은 해 11월에 결국 발레리우스 그라투스(Valerius Gratus)에 의해 안나스가 대제사장직을 해임당했다.[29] 이것은 안나스는 그리스도의 재판을 하는 동안 대제사장이었던 가야바의 결정에 많은 영향력을 행사했을 것이라는 것을 짐작케 한다. 왜냐하면 안나스는 가야바의 장인이었으며 그리스도의 재판의 경우는 많은 대중적 여론이 반영된 사건이기 때문이다.

● 개인들의 권리

속주국에서의 개인들의 권리는 로마시민인지 비시

---

29) *The International Standard Bible Encyclopedia*, s. v. "Jesus Christ, Arrest and Trial of," by John James Maclaren, 3:1671.

민인지, 외국인인지에 따라 다양했다. 비시민권자의 지위에 대해 라이올(Lyall)은 다음과 같이 설명했다.

> 속주국에 있는 사람들(peregrini)은 로마인들이 아니었기에 로마의 지배를 받았다. 그들은 병역의 의무가 없었다. 그러나 그들은 통치자의 지배 아래 있었고 로마황제가 부여하는 무거운 세금의 의무를 다해야 했다. 강력한 로마법 아래, 그들은 권리나 의무는 없이 로마법의 주관자로서가 아닌 법의 지배를 받는 대상들로 존재했다.[30]

같은 주제를 건지(Garnsey)는 로마시민들이 위험한 지역에서 이방인들로부터 구별되면서, 특별한 때에는 신체적인 형벌이 주어졌다고 말했다.

> 신체적인 형벌은 전통적으로 노예들과 이방인들에게

---

30) Lyall, "Roman Law," p. 12. Lyall, "Roman Law," p. 12.

적용되었다. 이것은 로마시민들은 사형집행은 물론 태형에 대한 항소할 권리가 인정된 것을 포함하여 주전 2세기 초의 법률들에 기록되어 있다.[31]

로마시민이 적절한 재판을 거치지 않고 형 집행을 받는 유일한 경우는 그가 해당 지역의 대적(大敵)으로 선언되었을 때였다.[32] 다른 경우에는 제국 안에서 이방인들과 시민들과는 현격한 차이가 있었다.

이방인들과 반대되는 로마시민들에 대한 호의에 기초한 구별은 로마 사법체계의 불변하는 특성이었다. 그러나 이방인들에게 대한 시민법(ius civile)으로부터의 특별한 예외는 각 지역의 모든 영역에서 적용되었다. 그러나 형법으로서는 예외가 없었다….[33]

---

31) Peter Garnsey, *Social Status and Legal Privilege in the Roman Empire* (London: Oxford University Press, 1970), p. 139.
32) Ibid., pp. 74-75.
33) Ibid., p. 262.

그러나 공화정 시대로부터 점차 이방인들에게도 "모든 민족들에게 공통적으로 적용되는 평등의 자연적인 원리들이"[34] 허용되었다는 것 역시 주목되어야 한다. 이것은 그리스도도 로마법과 연관해서는 한 이방인으로서, 이방인들은 직접적인 법적인 지위를 전혀 갖지 않았다고 결론지을 수 있다. 그러나 윤리적이나 도덕적인 측면에서 평등의 자연적인 원리들이 그리스도의 재판에 적용되었을 것이다. 그렇다고 이런 행위가 법적인 구속력을 갖지는 않는다.

● **통치자의 권위**

유대는 로마의 속주국이었기에 "군사적인 통치로 무제한적 사법권을 행사했다…."[35] 유대와 같은 속주국의

---

34) Lord Mackenzie, *Studies in Roman Law*, 6th ed. (Edinburgh: William Blackwood & Sons, 1886), p. 84.
35) A. H. J. Greenidge, *The Legal Procedure of Cicero's Time* (London: Oxford University Press, 1901), p. 410.

통치자는 군사적, 재정적, 사법적 기능들을 행사했다.[36] 속주국 통치자의 재판권에 있어서, 통치자는 "속주국의 법령(leges provinciae)의 미덕(virtue)에 의해 자신에게 온 모든 사건들에 대하여 로마시민들과 또한 이방인들에 대한 민법과 사법재판 모두를 행사했다."[37] 통치자의 사법권 행사는 주로 로마시민들에 관한 것이 분명하지만 "로마 통치에 관련된 사항이라면 통치자는 의심의 여지없이 모든 경우에 관련 속주민을 법정에 소환했다."[38]

통치자의 권한의 범위는 그가 부여하는 형벌들의 형태들을 통해 명백히 알 수 있다. 비 로마시민들에게 사형선고를 내렸었다는 것에는 의심의 여지가 없다.[39] 또

---

36) A. H. M. Jones, *Studies in Roman Government and Law* (Oxford: Basil Blackwell, 1960), p. 124.
37) Kunkel, Introduction, p. 85.
38) Ibid., pp. 41-42.
39) H. F. Jolowicz, *Historical Introduction to the Study of Roman Law* (Cambridge: At the University Press, 1954), p. 412.

한 "낮은 신분의 시민권자들에게도 사형선고를 할 수 있었고 아니면 그들을 출신지로 돌려보낼 수도 있었다."[40] 통치자가 로마시민에게 사형선고를 내릴 수 있었다는 증거는 분명하게 나타난다.

> 관습은 로마 시민권자들에 대한 사형재판의 경우 로마의 재판관에게로 보내야만 하는 것으로 보여진다….[41]

결론적으로 로마 통치자는 그리스도의 경우와 같은 비시민권자들을 다루는 데 그의 권한이 변할 수 있는 것에 대한 염려 없이 사형선고를 내리는 것에는 절대적인 법적 권한을 가지고 있었다.

통치자가 적용하는 재판절차에 관해서 주목한다면 그는 "예를 들면 자신의 주도권에서 나온 결과들과 그

---

40) Gamsey, *Social Status*, p. 121.
41) Greenidge, *Legal Procedure*, p. 413. Greenidge, *Legal Procedure*, p. 413.

의 재량을 뒷받침하는 여러 수단들에 의해 정족수에 미치지 않아도(inquisitorially-역자주) 범죄를 다룰 수"[42] 있었다는 것이 문서에 기록되어 있다. "속주국인 유대인들의 법률 집행은 로마법 자체 안에서 요구되는 면에 비추어 볼 때 너무나 많은 부분에서 정교함이나 기술적인 면이 부족…"[43]하다는 것이 명백하다. 빌라도의 그리스도의 재판을 이해하는 데 있어 비공식적인 것(informality)과 융통성이 가능한 것은 사실이다. 이러한 면에서 빌라도의 재판이 부적당하거나 일반적인 적용이 있었다는 것은 아니다.

● 형벌로서 십자가형

그리스도가 빌라도의 최종 결정의 결과로서 십자가

---

42) Jolowicz, *Historical Introduction*, p. 413.
43) William Riley Wilson, *The Execution of Jesus* (New York: Charles Scribner's Sons, 1970), p. 130. *This type of procedure was established by Augustus and is known as cognitio extra ordinem*; it is described in some detail by Kunkel (Introduction, pp. 69-74).

형을 당했기 때문에 십자가형이 사람들에게 적용되는 이 형벌의 형태(mode)를 검토하는 것이 필요하다. 일반적으로 십자가형의 형태는 "반역적인 종들과 폭동을 일으키는 속주민들에게 사형선고로서 부여한 것을"[44] 로마인들에 의해서 적용되었다. 십자가형을 언급함에 있어서 간세이(Garnsey)는 이렇게 말한다.

> 십자가형은 노예들에게 적용되는 전형적인 형태였다…. 더 나아가 네로 황제 통치 기간에는 게시우스 프로루스(Gessius Florus)는 몇몇의 기마병들을 포함하여 예루살렘에 있는 일부 유대인들을 십자가형으로 처형했다. 다른 경우에 있어서도 유대인 반역자들은 십자가형을 당했다…. 정치적인 범죄는 최소한 그리스도의 재판에서 적용되었다….[45]

---

44) Paul Winter, *On the Trial of Jesus* (Berlin: Walter de Gruyter & Co., 1961), p. 65.
45) Garnsey, *Social Status*, p. 127.

그리스도가 선동 혹은 반역에 대한 형벌을 받았다는 것은 복음서들에서 명백히 드러난다(눅 23:2; 요 19:2). 반역에 대한 죄는 특별하게 언급되지는 않았지만 광범위하게 해석될 수 있다. 참으로 황제의 통치기간에는 "이 법은 통치하는 지역에 대한 생활에 관한 모든 시도들과 더 나아가 그에게서 적용할 만한 말들이나 행동 모두를 포함하는 것까지 광범위하게 적용되었다."[46] 그리고 이것은 사형 범죄로서 취급되었다. 그리스도의 경우에 있어서 그는 "로마 통치자 앞에서 그의 생명에 관한 재판이었다. 그리고 기소 내용은 로마에 속한 지역에 위험을 준다는 것이었다. 이 형벌의 보다 엄밀한 의미들은 예수가 유대민족이 아닌 로마에 대해 반역자로서 죽었다는 것을 보여준다."[47]

---

46) Mackenzie, *Studies*, p. 395. Mackenzie, *Studies*, p. 395.
47) W. R. Wilson, Execution, p. 130.

● 재판에 대한 분석

여기서 우리의 목표는 빌라도가 법적으로 또는 불법적으로 행동했는지 여부를 결정하는 것에 대한 분석이다. 사복음서들이 이러한 주제를 직접적으로 다루지 않았다는 것은 예비적으로 고려해야 한다. 그들은 "그리스도의 재판이 유대인적인 원리들에 의해서 이루어졌다기보다는 빌라도의 인격에 대한 보다 많은 관심을 가졌다"[48]는 것이 분명히 나타난다.

어떤 저자들은 빌라도가 불법적으로 행동했다는 견해를 유지한다. 클라크(Clark)는 이러한 관점의 대표적인 사람이다.

빌라도에 의한 재판은 불법적이었다. 왜냐하면 그것은 반역에 대한 새로운 범죄로 대제사장들에

---

48) Ibid., p. 18.

의해서 제기되었고 그것은 하나의 호소였다. 재판의 시작에서는 규정성과 엄숙함이 있었다. 그러나 예수가 헤롯으로부터 다시 왔을 때 빌라도는 사람들을 두려워하게 되었다. 그는 군중들의 말을 들었다-여기서부터 어떤 질서나 규칙성도 없었다.[49]

클라크의 견해에 대한 비판적 반론은 다음과 같다.

첫째, 이것은 하나의 호소가 아니라는 것을 주목해야만 한다. 유대인들은 빌라도에게 자신들의 법으로는 그리스도를 죽음에 이르게 하는 것이 금지되었기 때문에 그리스도를 빌라도에게 데리고 왔다.

둘째, 속주국 통치자는 그가 원한다면 특별한 절차나 규정을 따르지 않고 재판을 진행할 법적인 자유를 가졌다는 것을 기억할 필요가 있다. 클라크의 견해들은 20세기 미국 법정과 연관하여 긍정적으로 받아들여

---

49) Allen Clark, "The Court Trials of Jesus: Illegal," Faith for the Family, March/April, 1976, p. 15.

졌다. 그러나 그들은 로마법정에 대한 이해를 완전하게 놓치고 있었다.

몇 가지 관점들이 빌라도와 그리스도의 재판의 합법성을 뒷받침 한다.

첫째, 빌라도는 유대의 통치자였고 이 재판은 사형에 관한 건이었기 때문에 그리스도의 재판을 수행하는 데 있어서 그는 적절했다.

둘째, 그리스도에 대한 첫 번째 죄목이 너무나 모호했기 때문에(요 18:30) 이를 듣고 처음에는 무시해 버리는 것이 정당했다.

셋째, 그는 그리스도의 반역에 대한 진술이 있었을 때(눅 23:2) 로마법에 따라서 행동했다. 그리고 빌라도는 그리스도가 무죄라고 결정하면서 이 문제에 관하여 개인적으로 그리스도에게 물었다. 이러한 관점에서 빌라도는 그리스도가 무죄라고 판결할 수 있는 법적인 권한을 가졌었다. 그러나 그는 그렇게 행동하지 못했다. 그

대신에 빌라도는 불법적으로 행동하고 있다고 비난을 받았기 때문에 그는 다시 유대인들 편에 섰다. 그러나 비시민권자인 그리스도에게 처음부터 법적인 권리들이 없었다는 것을 상기할 때 빌라도는 불법적으로 행동하지 않았었다고 말할 수도 있다. 그는 비도덕적이고 비윤리적이었다고 비난을 받을지 모른다. 그러나 그는 로마법 아래서는 불법적으로 행동했다고 비난할 수 없다. 그는 재판을 계속하든지 그만두든지 혹은 그 자신의 뜻에 의해서 법을 규칙성 있게 적용하든지 아니든지 간에 모든 것에 있어서 자유롭게 행동할 모든 법적 권한을 가지고 있었다.

넷째, 빌라도는 그리스도를 헤롯에게 보냈을 때(눅 23:6-12) 상식을 벗어난 태도로 행동하지 않았다. 그리니지(Greenidge)는 속주국 통치자는 그가 원한다면 어떤 조언자들에게도 물을 수 있는 권한을 가지고 있었다고 말한다. 그리고 "이것은 다른 속주지역에서도 얼마든지 일어날 수 있는 것이었다. 심지어는 근처에 있는 속주국 지배자에게까지…."⁵⁰⁾ 헤롯이 예수를 재판하기를 거절한 것은 그가 무죄였다는 것을 의미한다. 빌라도는 이러한 헤롯의 동의를 그리스도의 무죄에 대하여 사용했었다(눅 23:15).

로마법에 따라 비시민권자는 법적인 권한들이 없다는 것을 고려할 때 빌라도는 그리스도의 재판을 진행하는 데 있어 합법적이었다.

● 빌라도의 행동들에 대한 평가

이것은 빌라도가 십자가형으로부터 예수를 구하기 위한 시도에서 관찰될 수 있다. 예수가 무죄라고 하는 언급, 유대인들의 자비를 유도하기 위해 예수를 채찍질한 것, 관습에 따라 예수를 석방하려고 한 것에서(그러나 바라바가 대신 석방되었다) 이러한 면을 볼 수 있다. 결국 빌라도가 "예수를 십자가형으로 보냈고 그러나 그전에

---

50) Greenidge, *Legal Procedure*, p. 410.

예수를 구하기 위하여 어느 정도의 노력을 했음을 정확하게 보여준다. 이 재판을 지체하지 않고 간단하고 곧바로 진행한 것을 제외하고는"[51] 빌라도가 예수님을 십자가형으로부터 구하기 위해서 시도했음을 관찰할 수 있다. 그것은 다음과 같은 방법이었다. 그를 무죄라고 선언하거나 채찍질하거나 관습에 따라 그를 석방하려고 했었다(그러나 바라바가 대신 석방되었다). 진실로 빌라도는 예수를 십자가형으로 보냈으며 예수를 구하기 위하여 모든 수단을 다 동원하지 않았음을 명백하게 말할 수 있다. 단지 간단하고 직접적인 결론만을 내렸을 뿐이다.

빌라도는 유대인들이 "만약 그가 예수에 대하여 예외적인 자비를 계속한다면 시저에게 반항하는 죄를 범한다는 것을 암시하면서 위협하기 전까지는"[52] 예수를 석방하고자 유대인들을 확신시키고자 노력했었다. 유

---

51) J. M. Wilson, "Pilate, Pontius," p. 2398.
52) Edersheim, *Life and Times*, 2:580. Edersheim, *Life and Times*, 2:580.

대인들의 이러한 위협이 빌라도에게 특별한 의미를 주었음이 틀림없다. 왜냐하면 예수의 십자가형이 이루어지기 1년 전 주후 33년에[53] 그는 티베리우스 황제로부터 그가 헤롯 왕궁에 유대인들을 무시하고 놓았던 방패에 대하여 책망을 받았기 때문이다. 빌라도는 만약 그가 이러한 사건을 무마할 수 없다면 황제에게 또 다른 잘못을 범하는 위험을 감수해야 된다는 마음을 가졌음이 명백하다. 빌라도가 그리스도를 십자가에 못 박으라고 넘겨주었을 때 그는 "자신이 무죄에 대한 보호자로서 행동하는 데 실패한 것이 유대인들에게 모든 책임이 있다고 선언하였다."[54] 그리고 한 이방인에게 허용될 수 있는 평등권에 대한 자연적인 원칙은(비록 로마법에 의하여 요구되지는 않았지만) 부인되었다. 이것은 분명 빌라도에게는 비윤리적이고 비도덕적인 행동이었다.

---

53) Hoehner, "Chronological Aspects," pp. 332-48. Not all will agree with Hoehner on this date, but his arguments are cogent and persuasive, and seem to account best for all the available evidence.

54) Frederick Louis Godet, *Commentary on the Gospel of Luke*, 2 vols. (Grand Rapids: Zondervan Publishing House, n.d.,), 2:326.

비록 기술적으로 불법은 아니었지만 빌라도는 그리스도를 십자가로 보내는 것 대신에 무엇을 할 수 있었겠는가? 빌라도는 무엇이 도덕적이고 윤리적인 권리인지 그리고 그때 만약에 그 문제가 그 앞에 오게 된다면 공화정의 정의(justice)에 의존하면서 행동하는 데 있어서 보다 인내했어야 했다. 갈리오가 아가야의 총독이 되었을 때 사도 바울은 그 앞에 불려와서(행 18:12~17) 똑같은 경우를 당했다. 갈리오는 그 사건에 대해 듣기를 거부했었다. 그리고 그의 앞으로부터 불평자들을 몰아냈었다. 빌라도도 이렇게 했어야 했다. 그러나 그는 그가 생각했던 것을 따르지 않고 정치적인 수단으로 그리스도를 십자가로 보냈다.

● **빌라도의 마지막 생활**

빌라도가 주후 36년에 통치자의 지위에서 해직된 것은 역사적으로 알려져 있다. 이렇게 만든 사건은 그리심(Gerizim) 산에서 봉기한 사마리아인들에게 군대를 이끌고 가서 불필요한 대량학살을 했던 사건이었다. 사마리아인들은 시리아의 통치자인 비텔리우스(Vitellius)에게 이것을 호소하였고, 비텔리우스는 빌라도를 즉시 해임하고 티베리우스 황제 앞에 고소하여 빌라도를 로마로 보냈다. 그러나 빌라도가 로마에 도착했을 때에는 티베리우스는 죽었고 칼리굴라(Caligula)가 황제 직에 있었다.[55]

추측컨대 빌라도에게 무슨 문제가 일어났음을 살펴볼 수 있다. 많은 견해들이 있는데 유세비우스(Eusebius)는 빌라도가 자살했다고 기록하였다.[56]

---

55) Josephus, *Jewish Antiquities* 18.4.1-2, Loeb, *Classical Library*, pp. 60-65. See also S. A. Cook, F. E. Adcock, and M. P. Charlesworth, eds., *The Cambridge Ancient History*, 12 vols. (Cambridge: At the University Press, 1963), 10:649-50.
56) Eusebius, *The Ecclesiastical History* (trans. Kirsopp Lake) 2.7, Loeb, *Classical Library* (1926), p. 125.

● **결론**

이 논문의 목적은 그리스도의 빌라도에 의한 재판을 로마법의 관점에서 보기 위한 것이다. 그리스도가 비시민권자였다는 특별한 사실에서 그의 재판에 있어서 로마법이 기술적으로 잘못 적용되지 않았다는 결론에 도달할 수 있었다. 그러나 여기에는 고려되어야만 하는 순수한 법적인 측면 이상이 있음이 또한 강조되어야 한다. 빌라도가 확실히 유대인들에게 선언한 사실에 대하여 스스로 소심함을 보여주었다. 그리고 그는 비윤리적이고 비도덕적으로 행동했다. 그는 그리스도가 무죄임을 알면서도 석방하지 않았다.

빌라도의 성품은 시기심이 넘치지는 않았다. 그는 우유부단하고 비굴한 자로 비춰진다. 그리스도의 재판에 있어서 평등권을 생각하기보다는 정치적인 수단을 더욱 고려하였다. 그의 행동들은 불법적이기 때문에 정죄 받아야 하는 것은 아니다. 그러나 그의 행동들은 그 자신의 양심과 (마 27:24) 무엇이 도덕적으로 또 윤리적으로 옳은 것인가를 비추어 봤을 때 정죄되는 것이 마땅하다.

2. 그리스도의 재판의 법적인 측면들

(The Legal Aspects Of The Trial Of Christ)

헨리 M. 치버(Henry M. Cheever)

그리스도의 인격과 삶이 주는 놀라운 영향은 그의 삶에 있어서 그 중심사건이 재판의 절차과정에 있다는 사실을 모호하게 한다. 그리고 현대사(modern history)는 갈보리 위에서 시작되었다. 이 의미를 라마르틴(Lamartine)은 다음과 같이 적절하게 언급하였다.

그리스도의 죽음은 옛 역사의 무덤이면서 새 역사의 요람이었다.

---

57) Henry M. Cheever, "The Legal Aspects Of The Trial Of Christ", *Bibliotheca Sacra*, BSAC 060:239 (Jul 1903), 495-511.

그리스도의 이 위대한 사건을 법적인 측면으로 본다면 하나의 비극적인 재판이었다. 이 사건을 일부 학자들은 먼저 유대인들에 의한 예비적인 조사를 거친 하나의 최종적 재판과 판결로 보기도 한다. 그러나 이것은 두 가지 측면을 포함하는 하나의 형사재판으로 볼 수 있다. 사형재판들은 그 본질을 잘 모르는 사람들에게는 항상 특별한 어떤 관심을 갖게 한다.

역사상으로 스코틀랜드의 메리(Mary) 여왕 시대 찰스(Charles)와 그와 관련된 사람들의 재판들에서 이러한 사실의 예를 볼 수 있다. 또한 우리는 먼저 여러 나라에서 이루어졌던 특별한 형사재판들에 대하여 갖는 우리들의 큰 관심을 되돌아 볼 수 있다. 그러나 본 논문은 그리스도의 재판을 이러한 관심이 아닌 순수하게 법적인 측면에서 살펴보고자 한다. 이러한 과정에서 만족할 만한 결론에 이르기 위하여 많은 의문들이 필연적으로 일어나고, 질문들 각각은 충분히 조사되어야 한다.

1. 히브리법과 로마법을 적용한 두 가지 종류의 재판들이 있었는가? 아니면 대제사장 가야바(Caiaphas)에 의해 먼저 이루어진 절차는 간단한 예비적 조사로 결국 예수님의 로마 총독 빌라도에 의한 재판을 위한 것이었는가?

2. 가야바 앞에서의 재판 혹은 조사에서 히브리법의 적용이 발견되는가? 마찬가지로 빌라도 앞에서의 재판 역시 로마법의 적용이 분명하게 고수 (固守)되었는가?

3. 히브리와 로마 법정에서 적용된 법적인 죄목들(charges)은 동일한가?

4. 그렇다면 어떤 범죄가 예수님을 죽음에 이르도록 판결하게 했는가?

5. 빌라도 앞에서의 재판에서 예수님은 무죄라고 선고받지 않았는가? 이러한 무죄선고 후 유죄선고 없이 처형되었는가?

우리는 이러한 주제들을 조사하기 전에 먼저 정치적인 면에서 유대와 로마의 관계를 살펴보는 것이 필요하다. 유대는 로마에 정복된 나라였다. 그럼에도 유대인들은 그들 자체의 시민법과 공식적인 종교행사 그리고 그들의 자체에 관련된 많은 일들에서 그들 스스로 이를 행하도록 허용되었다. 그러나 그들은 어떤 경우에도 사형을 언도할 수 있는 권한은 없었다. 이 권한은 오직 로마법의 권한 안에 속해 있었다. 대제사장 가야바는 예수님을 하나님에 대한 신성모독죄로 처벌하고자 노력했었다. 그러나 사형 선고는 할 수 없었다.

유대인들은 이를 알고 있었다. 빌라도가 유대인들에게 예수님을 유대인의 법에 따라서 처벌하라고 했을 때 유대인들은 빌라도에게 "우리에게는 사형을 선고할 법이 없습니다"라고 대답했다. 반면에 빌라도는 그 지역 전체를 관할하는 총통치자(praeses-역자주) 보다 높은 권한을 가진 시리아의 통치자의 통제를 받는 유대지방의 로마 집정관이었다. 그러나 사형을 집행할 권한은 어떤 경우에는 작은 속주국 내에서 로마법을 따라 부총통치자(vice-praeses)인 해당 집정관들에게도 주어졌다. 예루살렘에 있는 빌라도는 이러한 절대적인 권한을 가졌었다. 유대인 권력자들은 그때 다만 자신들이 예수님을 유죄로 선고한 죄목으로 로마 통치자에게 고소할 수 있는 권한만을 가지고 있었다.

이를 통해서 그들은 그리스도를 재판에 회부할 수는 있었다. 사형 재판에 있어서는 로마 권력자들은 유대인들이 그들 앞에 가져온 이러한 사건에 대해 법원 관할권을 가졌을 뿐만 아니라 선행적(a priori) 절차로 재판권을 행사할 권한을 가지고 있었다. 물론 재판에서 선고를 하지 않을 권한도 있었다. 이러한 법은 로마인들에 의해서 속주국에 적용하도록 잘 정비되어 있었다.

여기서 우리는 유대인들과 로마 권력자들 사이에 발생하는 재판권에 관한 갈등에 관하여 의문을 갖게 된다. 유대 권력자들은 예수님에 대하여 "사형에 해당하는 범죄"라고 선언 했었다. 그러나 산헤드린은 이렇게 함으로써 로마 통치자의 고유 권한을 침해하고 있었다. 이 주제에 관한 그린리프(Greenleaf)의 논문에서 살바도르(Salvador)와 듀핀(Dupin) 사이의 논쟁 가운데 있던 유대인들과 로마인의 재판권 사이에 관한 권한에 대한 다양한 견해들의 장점들이 명확하게 정의되었다. 유대인 학자 살바도르는 유대인 권력자들 앞에서 소송 절차들은 직접적으로 그들의 법에 의해서 이루어져야 한다고 주장한다.

그러나 프랑스인 학자 듀핀은 그 반대 입장이었다. 권한에 대한 중요성에 있어서 듀핀은 반론의 여지가 없이 호의적이었다. 살바도르는 그에 나라에 대한 슬픔을 억제하면서 이렇게 말하였다. "그의 피는 우리들 위에 뿌려졌다." 그리고 산헤드린은 사형에 해당되는 범죄를 적용하고 사형을 언도할 수도 있었다. 로마 통치자의 유일한 기능은 이러한 선고에 대해 확인하는 권한 정도였다. 듀핀은 유대 법정은 사형에 해당되는 범죄를 찾는 권한을 가지고 있지 않았고 산헤드린의 절차는 하나의 권한 침해였다고 말하였다. 이러한 서로의 의견대립 가운데 듀핀은 권위자들에 의해서 지지를 받았다.[58] 탈무드(Talmud)에서 우리는 이러한 문장을 발견한다.

성전 파괴 전 40년 동안은 이스라엘에서 사형선고에 대한 판결은 없었다.

유대인 법에 따라서 신성 모독의 죄는 사형선고를 받는다는 것이 사실이다. 그러나 동시에 로마법에 따라서 피정복지인 유대에 있어서 사형선고는 유대인 권력자들에게는 명백하게 금지되어 있었다. 그것은 로마법에 의해서만 적용되었었다. 이러한 점은 유대인들이 빌라도에게 말하는 것을 통해서 충분하게 깨닫고 있었음을 알 수 있다. "우리는 법을 가지고 있고 우리의 법에 의하면 예수는 죽음을 당해야 합니다." 그러나 빌라

---

58) Tacitus, Annales; Deylingius in *De Judæorutn Jure Gladii*; A Taylor Innes in *Trial of Christ*; Clough's *Gesta Pilati*. Tacitus, *Annales*; Deylingius in *De Judæorutn Jure Gladii*; A Taylor Innes in *Trial of Christ*; Clough's *Gesta Pilati*.

도가 "너희들 법에 따라서 그를 처벌하라"고 대답하였을 때 그들은 이렇게 대답했다. "우리에게는 죽음을 선고할 법적인 권리가 없습니다." 그때 유대인들은 그들이 사형에 관한 법을 집행할 권한이 없음을 알면서 분명하게 예수의 죽음에 관한 비난(odium)을 빌라도에게 떠넘기기로 결정하였다. 유대인들은 이렇게 말하였다. "예수는 반역죄에 해당되고 따라서 유대와 로마법 모두에 의해서 사형을 받을 범죄를 했습니다." 그들은 시저(Caesar)의 대리자격인 빌라도가 이러한 고소를 함부로 무시할 수 없을 것이라는 것을 알았었다. 왜냐하면 이러한 고소의 결과에 대한 두려움은 빌라도 자신의 공직을 좌우할 수 있고 더 나아가 그의 생명까지도 좌우할 수 있기 때문이다.

유대인들은 예수님에 대한 그들의 세부적인 고소 내용을 빌라도에게 제공하지 않았다. 빌라도가 "너희들이 이 사람에 대하여 무엇을 고소하느냐"고 물었을 때 단순하게 대답했다. "만약 그가 죄인이 아니었다면 우리는 당신에게 그를 데리고 오지 않았을 것입니다." 그러나 고소에 대한 세부내용을 제출할 것을 강요받았을 때 그들은 예수님에 대해서 신성모독을 적용했던 죄목이 받아들여지지 않는 것을 발견했다. 그들은 빌라도에게는 관심이 없는 종교적인 죄목으로 사형선고를 얻어낼 수 없다는 것을 알면서 그 대신에 로마 권력에 대항한 반역자로서 예수님을 고소했다.

그때 빌라도는 고소내용에 대해서 재판을 관할하면서 법정을 열고 죄인으로 추정되는 예수님에게 질문했다. 이러한 예비적인 조사 후에 빌라도는 유대인 앞에 나가서 말했다. "나는 그에게서 전혀 죄가 되는 것을 발견할 수 없다." 그때 빌라도는 예수가 갈릴리 사람이라는 것을 발견하고 그를 갈릴리의 본분왕인 헤롯에게 보냈다. 헤롯은 예수님에게서 어떤 죄도 발견할 수 없었다. 그리고 다시 빌라도에게 그를 돌려보냈다.

그리스도에 대한 재판의 최종판결을 언급하기 전에 우리는 먼저 이 재판의 진행절차를 살펴보고자 한다.

이러한 조사 가운데 우리는 유대와 로마법 적용 모두에서 범죄로 고소된 사람의 권리에 대한 보장은 법적인 공리(公理, maxim)임에도 전혀 적용되지 않았음을 발견하게 될 것이다. 매수된 증인들의 진술을 근거로 즉시 재판으로 이어진 것을 보면서, 우리는 예수님이 유월절 축제 전 밤중에 즉각적으로 체포당했던 것을 발견한다. 그러나 당시의 유대법은 명백하게 유월절 날이나 밤중에는 법적인 절차의 진행을 금지했다.

따라서 결국 예수님에 대한 유대 법정의 판결은 사실상 효력이 상실된 것이었다. 또한 유대인들은 예수님을 심문하고자 당시 대제사장이었던 가야바에게로 데리고 갔다. 가야바는 예수님을 만나보거나 그에 대한 어떤 증거도 듣기 전에 예수님은 죽음을 당하기에 합당하다고 선언했다. 여기서 편견을 가진 한명의 고소자였던 가야바가 이미 스스로 유죄판결을 했던 예수님을 정죄하는 판결을 했다.

그런데 가야바는 증인들에 대한 조사 없이 예수님

자신의 진술을 강요하여 그를 유죄로 판결하고자 시도했었다. 그러나 유대법에 따르면 유죄판결은 피고인 자신의 진술만으로 이루어질 수 없고, 오직 증인들의 증언을 근거로 해야 함을 명시하고 있다. 그리고 예수님 스스로도 자신에 대한 증거들을 요구했다. 예수님은 말씀하셨다. "내가 말을 잘못하였으면 그 잘못한 것을 증언하라 바른 말을 하였으면 네가 어찌하여 나를 치느냐?" 그리고 예수님은 다시 말씀하셨다. "어찌하여 내게 묻느냐 내가 무슨 말을 하였는지 들은 자들에게 물어 보라" 그때 가야바와 대제사장들은 증인들이 필요하다는 것을 깨달았다. 그래서 그들은 "예수를 죽이려고 그를 칠 증거를 찾되 얻지 못하였다"고 마가는 기록했다. 계속해서 마가는 "예수를 쳐서 거짓 증언 하는 자가 많으나 그 증언이 서로 일치하지 못하였다"고 말한다. 그러나 이러한 거짓 증언들에 대하여 예수님은 아무 말씀도 하지 않으셨다.

예수님 시대 훨씬 전부터 인간의 생명에 대한 법적

으로 보장된 가치는 거대한 보호책들을 포함했었다. 여기에는 증인들에 대한 요구, 죄인의 진술만으로는 유죄판결의 금지 등이 있으며 이러한 사실은 입증된다. 탈무드에서 특별히 형사재판의 절차를 기록한 부분인 미쉬마(Mishma)에는 상세하게 형사재판에 관한 규정이 기록되어 있다. 예수님을 유죄판결로 결정하고자 노력하던 대제사장은 이렇게 말하였다. "내가 너로 살아 계신 하나님께 맹세하게 하노니 네가 하나님의 아들 그리스도인지 우리에게 말하라". 여기서 대제사장은 예수님에게 맹세로 자신의 결백이나 죄를 선언하라고 요구하여 법을 다시 위반했다. 그는 더군다나 "네가 하나님의 아들 그리스도이냐?"는 말을 추가했다. 예수님은 맹세로서 말하기를 강요받았을 때 "네가 말하였느니라"고 대답했다. 그러자 대제사장은 법에 의해 요구되는 다른 증거 없이 예수님의 답변에 근거하여 판결하면서 말하였다. "그가 신성모독 하는 말을 하였으니 어찌 더 증인을 요구하리요?" 그러나 미쉬마(Mishma) 뿐만 아니라 모세오경에서도 죄인의 증언만으로는 유죄판결을 할 수 없다는 사실을 명백하게 말한다. 반면 유죄판결은 두세 사람의 증언이 필요하고, 이들의 증언은 공개적으로 이루어져야 하며 또한 이 증언들에 의해 유죄가 증명되어야만 판결될 수 있다

이렇게 밤에 집행된 재판과 증거 없는 유죄판결을 한 것은 불법으로 효력이 없는 것이었다. 예수님은 이러한 효력 없는 유죄판결을 받은 후 관리들 중 한 명이 자신을 심하게 때렸을 때, 한 명의 히브리인으로서 그의 법적인 권리를 다시 주장하면서 이렇게 말했다. "내가 말을 잘못하였으면 그 잘못한 것을 증언하라 바른 말을 하였으면 네가 어찌하여 나를 치느냐?"

이러한 재판 절차 중 어떤 부분은 낮에 이루어지지 않았는가 하는 의문을 가질 수도 있다. 이 같은 의혹은 네 복음서 기자들이 무엇이 일어났느냐에 대한 혼란된 평가를 하기 때문에 일어난다. 이 질문에 대한 토의 없이 우리는 유죄판결 후 "곧바로 날이 샜다"고 하는, 그

리고 유대인들이 예수님을 빌라도에게 데리고 갔다는 누가의 진술에 따라 유대인들에 의한 재판은 밤중에 일어났었다고 결론을 내린다. 그러나 이런 문제는 본질적인 것은 아니다. 중요한 것은 히브리법에 따라서 이러한 재판절차는 완전하게 불법이라는 점이다. 이 법은 재산의 회복을 위한 재판과는 반대되는 절차를 가진 사형재판으로 미쉬마(Mishma)에 나오는 내용이다.

> 재산에 관한 재판들(Money trials)과 생명에 관한 재판 모두는 필요한 요구와 조사에 동일한 규정들을 갖는다. 그러나 이 두 가지 재판은 다음 내용들에서 서로 다르다. 재산에 관한 재판은 단지 세 가지 내용만을 요구하지만 생명에 관한 재판은 여기에 더하여 20명의 재판관들이 요구된다. 재산에 관한 재판은 재판관들이 자신들의 측면에서 먼저 의견을 말하는 것은 문제가 되지 않지만 생명에 관한 재판은 무죄에 대한 견해를 가진 재판관들은 먼저 반드시 그들의 의견을 말해야

한다. 재산에 관한 재판에서는 한 사람의 증언이 대중성을 가진다면 증거로서 충분하다. 그러나 생명에 관한 재판은 무죄판결에서는 한 사람의 증언이 대중성을 가진다면 증거로서 충분하지만, 유죄판결을 위해서는 두 사람의 증언이 대중성을 가지는 것이 요구된다. 재산에 관한 재판은 (실수를 방지하기 위해) 재검토를 통하여 결정이 파기될 수 있고 이를 위해 어떤 방법을 적용했는지는 문제가 되지 않는다. 생명에 관한 재판 경우에 정죄는 파기될 수 있지만 먼저 무죄가 선언되었다면 그 결정은 파기할 수 없다.

이것은 오늘날 영어를 모국어로 쓰는 민족이 통치하는 어느 지역에서나 적용되는 법이다.[59]

한 시민의 경우에, 법률(법률가들)의 적용절차에서 두 가지 측면에서 의견을 말할 수 있다. 형사재판의

---

59) 이 논문은 1903년에 쓰였습니다.

경우에는 그들은 피고인에 대해 호감을 말할 수 있지만 반대 의견을 말할 수는 없다. 처음에는 양쪽 측면 중 무슨 의견을 말했든지 재판관은 자신의 의견을 번복할 수 있다. 나중에는 유죄의견을 내놓은 재판관은 자신의 의견을 바꿀 수 있지만 무죄의견을 내놓았다면 번복은 허용되지 않는다.

재산에 관련된 재판은 낮에만 소송을 제기할 수 있지만 해가 진 후에 종결이 이루어질 수도 있다. 그러나 생명에 관련된 재판은 낮에만 소송을 제기할 수 있을 뿐만 아니라 반드시 종결도 낮 중에 이루어져야 한다. 재산에 관련된 재판은 낮에 시작하여 그날에 유죄나 무죄로 종결될 수 있다. 그러나 생명에 관련된 재판은 무죄선고 경우에는 당일에 종결될 수 있지만 유죄판결 경우에는 종결이 반드시 다음 날로 연기되어야만 한다. 그래서 사형재판은 안식일이나 절기 전일에는 열리지 않는다.

그러나 예수님에 대한 재판은 안식일 전날이면서, 유월절 당일인 금요일에 이루어졌다. 이미 앞에서 언급한 것과 같이 이것은 불법이다. 무죄가 아닌 유죄판결의 선고에 대한 법률은 최소한 12시간 이상을 휴회하는 것과 안식일 후에 이루어질 것을 요구한다. 이러한 휴회에 대한 규정은 유대법과 로마법 모두에 해당되며 그 이유는 사형재판에 대한 공의로운 집행을 위해 피고인에게 자신을 방어하기 하기 위한 증인(증거)을 찾을 기회를 주기 위해 필요했기 때문이다.

가야바 앞에서 이루어졌던 재판절차는 신속하고 매우 급하게 밤중에 행한 거대한 불의를 보여준다. 한 시민에 관한 형사 재판절차로 보아도 이것은 커다란 위법임이 틀림없는데, 하물며 한 사람의 생명이 달려 있는 사형재판에 이러한 불법이 적용된 것은 얼마나 더 많고 큰 잘못된 것인가? 이것은 법의 위반일 뿐만 아니라 정의의 원칙들에 대한 문제이기도 하다.

가야바 앞에서 예수님에 대한 고소자들은 결국 자신

들의 시도가 피고인 자신에 의한 증언으로 유죄판결을 결정하게 된다는 문제를 발견하고 이제 다른 증인들을 찾았다. 마가는 이 상황을 이렇게 기록하였다.

> 대제사장들과 온 공회가 예수를 죽이려고 그를 칠 증거를 찾되 얻지 못하니 이는 예수를 쳐서 거짓 증언하는 자가 많으나 그 증언이 서로 일치하지 못함이라 어떤 사람들이 일어나 예수를 쳐서 거짓 증언 하여 이르되 우리가 그의 말을 들으니 손으로 지은 이 성전을 내가 헐고 손으로 짓지 아니한 다른 성전을 사흘 동안에 지으리라 하더라 하되 그 증언도 서로 일치하지 않더라(막 14:55-59).

심지어는 재판관인 가야바가 '증인들을 찾는' 것은 법에 대한 수치스러운 위반 행위였다. 앞에서 우리가 본 바대로, 히브리 재판관들은 피고인의 의견을 직접 듣고 그 의견을 보장해 줄 의무가 있었다. 오직 증거가 죄를 불가피하게 입증한다는 결론에 이르렀을 때에만 유죄판결을 해야 했다.

영어를 사용하는 사람들의 법정에서는[60] 맹세는 증인에게 하나님이 요구하는 진실을 말하겠다는 엄숙한 약속을 한다는 의미를 뜻한다. 그러나 히브리 법정에서는 이것은 보다 더 엄숙한 선서였다. 오늘날 법정에서는 선서는 종종 엄숙함이나 별 의미 없이 행해지고 있다. 그러나 히브리 법정에서는 미쉬마(Mishma)에 나오는 증인의 맹세에 대한 내용을 볼 때 전혀 달랐다. 특히 사형재판의 경우 증인 각자에게 집행시켜야 하는 것은 대제사장의 의무였다.

오 증인이여! 잊어서는 안 된다! 너의 증언은 어떤 재판에서는 생명에 관련된 증거를 주는 하나의 행위이다. 재산에 관한 재판에서는 너의 증언이 잘못되었어도 그 결과로 발생하는 재물에 대한 잘못된

---

[60] 이 논문은 1903년에 쓰였습니다.

적용은 바르게 고쳐질 수 있다. 그러나 생명에 관한 재판에서는 네가 죄를 범한다면 고소당한 자와 그의 후손의 피는 영원토록 너에게 돌려질 것이다.

그러므로 아담이 오직 한 사람으로 창조된 것은 너에게 이것을 가르치고자 함이다. 만약에 증인의 교활함이 이스라엘의 한 영혼을 파괴한다면 마치 아담 한 사람이 전 세계를 파괴했던 것과 같은 행위임이 성경에 의해 입증된다. 반면에 증인이 한 영혼을 구원하는 것은 예수님이 전 세계를 구원했던 것과 같은 것이다…. 그러므로 너의 증언들에 그 사람 생명 전체가 걸려있는 것과 같이 전 세계가 한 사람을 위해 창조되었다는 것을 우리는 생각하고 믿도록 하자.

한 사람일지라도 그의 전 생명은 이 법의 보호로 유지되었다. 그러나 예수님이 침묵을 지키는 동안 거짓 증인들에 의해서 이러한 보호가 파괴되고 있었다.

또한 히브리법 아래서, 최소한 두 증인들의 증거가

고소된 자를 기소하는 데 필요했다. 이 둘이 증언하고 서로 증언들이 일치하기 전까지는 죄인에 대한 죄과를 부여해서는 안 되었다. 만약에 이러한 일치가 실패되었다면 고소된 자는 즉각적으로 석방될 권리를 갖게 되었다. 두 사람의 증언이 서로 일치한다면 증거로 받아들여지기에 기소(indictment)가 성립된다. 이것은 이상하고 역설적으로 보일 수 있다. 그러나 히브리인들의 범죄 재판 절차의 기원이다.

예수님은 신성모독으로 히브리 재판에서 유죄 판결을 받았다. 이러한 범죄는 무엇을 말하는가? 신성모독이란 단어의 원래적 의미는 하나님에 대한 부인이다. 또한 하나님의 절대적 권위를 훼손하거나 하나님을 저주하거나 계속적으로 반복하여 하나님을 비난하는 것도 포함된다. 이것은 이스라엘 모든 지역에서 적용되는 신성모독에 대한 범죄의 본질이다. 이 범죄는 하나님의 절대 주권에 대한 범죄이다. 그러나 시민들에게 사형법이 적용되는 유럽 대부분의 국가에서는 신성모독은 '하나님에 대한 반역'이라는, 보다 명백한 추가적인 한정(definition)이 요구된다.

오늘날의 국가들은 지금 언급되는 만큼의 이러한 법은 필요하지 않다 그러나 이 법은 유대 국가에게는 필요했다. 유대 국가는 진정한 신정국가였다. 그리고 그 나라의 제사장, 선지자, 재판관, 왕은 하나님의 대리자들로 존경을 받았다. 하나님의 말씀은 이스라엘의 헌법(constitution)이면서 법률이었다. 따라서 신성모독은 큰 반역죄로 하나님의 통치를 전복시키려는 '국가에 대한 반역에 준하는 죄'였다. 이러한 '국가에 대한 반역에 준하는 죄'인 신성모독이라는 죄목으로 예수님은 재판을 받았었다. 그러나 유죄판결을 위한 증거는 불충분하게 발견되었다. 그리고 단지 자신의 진술만으로 유죄 판결을 받았다. 이미 우리가 말했던 것 처럼, 이것은 법을 어긴 것이었다. 예수님은 대제사장이 "내가 너로 살아 계신 하나님께 맹세하게 하노니" 하면서 맹세로 말하기를 강요받았을 때 이를 거부하였다. 그러자 대제사장은 "네가 하나님의 아들 그리스도인지 우리에게 말하라"고 요구했고 예수님은 "네가 말하였느니라"고 대답했다. 그 결과 대제사장은 예수님에게 유죄선고를 내렸다. 유대인들의 전통에 의하면 신성모독에 대한 말을 들은 모든 사람은 누구든지 그의 옷을 위로부터 아래까지 찢어야 했다. 이 전통대로 대제사장은 그의 옷을 재판석 상에서 찢었다. 그리고 "너희 생각은 어떠하냐?"고 유대인들에게 물었을 때 모든 사람이 "그는 사형에 해당한다"고 정죄했고 이러한 커다란 정죄는 확고하게 되었다(마 26:63-66).

우리가 앞에서 본 바와 같이 예수님은 자기 자신에 대한 진술만으로는 법적으로 유죄판결을 받기에 충분하지 않았다. 탈무드는 이것을 분명하게 기술하고 있다. 마이모니데스(Maimonides)는 "우리 법은 그 자신의 진술만으로 그를 죽음에 이르도록 정죄하지 않는다"고 말했다. 바테노라(Bartenora)는 "어느 누구도 재판에서 자신의 진술만으로 해를 당할 수 없다"고 말했다. 이것은 불의(injustice)의 극치였다. 예를 들면, 이 법의 적용이 정죄로 이어졌었을 때, 예수님이 말씀하신 자신이 하나님의 아들이라는 대답이 그렇게 커다란 반역이었는가? 이것이 진실하다면 그것은 타당하다. 여기서 이 거짓말이 예수님의 범죄에 대한 본질이다. 유죄판결 전에 이것은 충분한 법률적 근거를 가지고 거짓인지 여부가 증명되었어야 했다. 단순한 예수님의 선언 하나로 범죄가 성립되지 않는다. 가야바는 예수님의 진술에 대한 다른 증거들이나 표시들을 예수님 자신으로부터 요구했어야 했다. 왜냐하면 유대인들은 예수님의 선언이 거짓임을 입증하지 못했었기 때문이다.

결론적으로 앞에서 언급한 사실들과 법률의 권위로부터 볼 때 가야바 앞에서의 재판은 무효이다. 그것은 사형 범죄의 절차에서 시작부터 진행과정과 또 판결이 밤에 이루어진 것을 포함하여, 거짓 증인들을 채택하였고, 법적으로 금지된 피고소인에게 질문하는 것으로 증거를 보충하였고, 이러한 질문에 대한 대답에 근거를 둔 유죄판결을 내렸기 때문이다. 이스라엘은 그리스도를 갈망했지만 그가 온 것에 대해 입증할 증거를 요구하기를 거절했다.

● 로마 법정

모세법의 규정들의 수정에 있어서 기독교의 영향은 다른 어떤 법전보다도 더 큰 영향력을 가졌다. 그러나 제국 공화국(Imperial Republic)의 위대한 법률가들은 모든 나라의 법률가들과 법학자들로부터 존경과 경의를 받았다. 로마법의 내용과 원리들은 조용히 유지되었지만 유대법의 영향을 받기 전까지는 모든 국가의 지역들 안에 효과적으로 흡수되었다. 그리고 부차적으로 우리의 현대의 삶도 영향을 미쳤다.

두 법들 사이의 영향 가운데 우리는 서로 반대되는 면을 주목하게 된다. 종교는 히브리 국가를 탄생시켰다. 기독교 국가에서는 이것은 하나님의 법으로 받아들여졌다. 그러나 왕권이 히브리인들로부터 분리되었을 때, 이것은 로마의 강력한 권한으로 넘겨졌다. 로마의 권세는 공포를 유발시켰지만 그것의 지혜로운 집행은 경의를 불러 일으켰다. 그리고 로마 권력의 영향과 권위의 원인이 의(righteousness)로 비춰졌을 때 이 권위는 모든 지역이 로마법의 지배를 받아들이게 했다. 이러한 경의는 제국 공화국의 능력이 영향을 주어 범죄가 많은 지역을 안정시켰다. 우리가 본 바와 같이 본디오 빌라도는 유대 지역의 로마법의 대행자였다. 세계의 가장 위대한 비극의 마지막 현장이 그의 앞에서 발생했다.

날이 밝았을 때 대제사장들과 장로들과 서기관들은 예수님을 가야바로부터 빌라도의 재판정으로 인도했다. 그들 스스로는 이방인의 집에 들어가서 유월절에 더럽혀지지 않기 위해서 법정 안으로 들어가지는 않았다. 그러므로 빌라도는 그들이 온 이유를 알기 위하여 '그들 앞으로 나갈' 수밖에 없었다. 빌라도는 유대인들이 재판에 대한 권리를 인식했었다면 그들이 선고를 내렸을 것이기에 그들이 무엇을 했는지 묻지 않았다. 그러나 그는 유대인들이 데리고 온 죄인에 대하여 무슨 고소를 하는지를 물었다. 그는 예수님에 대한 재판권의 시작이 자신에게 있다는 것을 추측했다.

처음에는 유대인들은 대답을 회피하면서 빌라도에게 그가 죄인이 아니었다면 우리가 재판정으로 데리고 오지 않았을 것이라고 말했다. 그들은 예수님이 유대법으로 볼 때 죄를 지었고 그 죄는 죽음에 해당한다고 말했을 때 빌라도는 유대인들에게 그들의 법으로 예수님을 재판하라고 대답했다. 그러나 유대인들은 사형을 집행할 수 없었기에 형의 집행은 불가능하였다. 그리고 유대인들은 고소내용을 제출하도록 강요받았다.

그러나 이것은 유대인들이 신성모독의 범죄로 예수님을 심문하기를 원했던 것과는 달랐다. 왜냐하면 그들은 종교적인 범죄로 로마재판에서 사형선고를 얻어낼 희망이 없었기 때문이다. 그래서 유대인들은 정치적인 범죄로 대신하여 예수님을 로마통치에 대한 반역죄로 고소했다. 빌라도는 재판관정으로 돌아와 예수님을 소환하여 질문했다.

이러한 모든 절차 가운데 예수님에 대한 앞서의 산헤드린 앞에서의 절차와 판결에서 제기되었던 어떤 질문도 없었다. 빌라도는 고소된 자가 어떤 죄도 범하지 않은 것에 만족하면서 다시 유대인들 앞에 나아가 말했다. "나는 그에게서 전혀 죄를 찾지 못하였다." 이것은 로마 재판관이 무죄를 선언한 최종판결이었다. 앞에서 우리가 로마법에 관해 본 것 같이 한번 무죄로 선고하면 그것은 번복될 수 없었다. 이것은 기판력(旣判力, res adjudicata)[61]이었으며 모든 시대에 적용된다.

이러한 원칙을 무시하고 진행된 재판의 결과로 유죄

---

61) 확정된 재판의 판단 내용이 소송당사자와 후소법원(後訴法院)을 구속하고, 이와 모순되는 주장·판단을 부적법으로 하는 소송법상의 효력. 확정판결을 받은 사항에 대해서는 후에 다른 법원에 다시 제소되더라도 이전 재판내용과 모순되는 판단을 할 수 없도록 구속하는 효력을 말한다. 이전 재판의 내용과 다른 판단을 하게 되면 재판의 모순을 가져와서 혼란이 생기며, 법원측에서도 불필요한 절차를 거듭하게 될 뿐 아니라 당사자 또한 분쟁을 해결하지 못하게 될 것이다. 따라서 확정판결이 내려지면 동일사건에 대해서 다시 제소할 수 없게 한 것이다-역자주.

판결을 내리고 집행한 것은 법적으로 무효이며 이것은 하나의 사법적인 살인이다.

예수님의 재판에 관한 나의 의도는 어떤 신학적인 혹은 교회적인 관점이 아닌 순수하게 법적인 관점으로 검토하는 것이다.

그러므로 예수님은 빌라도에게 자신에 의해 선포된 왕권을 인정했지만 그러나 명백하게 그가 반역죄에 해당하는 왕권의 어떤 형태의 선포에 대해서는 부인하였다. 그는 자신의 왕권을 수용했음에도 유죄판결을 위한 어떤 근거도 제공하지 않았다. 세상적 왕권의 선포에 대한 부인은 또한 '재산에 관한 재판'에서 본 바 있다. 그때 빌라도는 다시 그 자신이나 헤롯 모두 예수님에 대해 어떤 죄도 발견하지 못했다고 말하면서 무죄판결을 발표하였다. 빌라도는 그때 예수님을 채찍질했는데 그 자체는 법에 의해 집행되지 않은 불법행위였다. 의심할 여지 없이 빌라도는 유대인들의 분노를 만족시키기 위해 채찍에 맞은 예수님을 유대인들 앞에 데리고 나와 "이 사람을 보라"(Ecce Homo)고 말했던 것이다.

여기서 이어진 유죄판결에 대한 또 다른 측면이 있다. 빌라도의 판결 자체뿐만 아니라 그때부터 빌라도가 예수님을 풀어줄 방도를 찾았다는 점에서 그 스스로는 예수님이 죄가 없음을 명백하게 이해했음을 알 수 있다. 그러나 유대인들이 그가 예수님을 풀어 준다면 가이사에게 반역하는 것이라고 협박했을 때, 빌라도는 다시 재판석에 앉아 예수님에게 사형을 선고하는 세 번째 결정을 했다.

빌라도가 순수하게 정치적인 근거로 예수님을 정죄한 것은 정당하다고 말할 수도 있다. 왜냐하면 계속해서 반역죄라는 특별한 범죄를 무죄라고 하는 중에 만약 예수님이 석방된다면 유대인들의 감정은 로마권력을 위협하는 것이 되기 때문이었다. 이런 의문을 토의하는 것은 나의 주제와는 관련이 없다. 나는 단지 이것을 언급할 수 있을 뿐이지 법적인 근거를 바탕으로 하지 않은 로마 통치자에 대한 어떤 옹호를 시도할 수 없다.

2. 그리스도의 재판의 법적인 관점들 155

주후 1200년, 로마에서 남쪽으로 53마일의 고대 아미터눔(Amiturnum) 자리에서 이루어진 아퀼라(Aquila)에 의한 발굴에서 그리스도에 관한 판결과 사망증서에 관한 공적인 기록으로 보이는 구리형판 혹은 원형판이 발견되었다. 그 형판의 반대 면에는 다음과 같은 글이 새겨져 있다. "동일한 형판이 부족들 각각에 보내졌다." 이 형판은 프랑스의 위대한 고고학자인 도미니크(Dominique Vivant Denon, 1747-1825)의 저서 『빌라도의 행위(Gesta Pilati)』에서 신빙성이 있음이 언급되었다. 다음과 같이 기록되어 있다.

본디오 빌라도에 의해 집행된 선고
나사렛 예수는 십자가형으로 죽었다.

티베리우스 황제 17년 3월 24일, 거룩한 도시인 예루살렘에서, 하나님께 제사 드리는 직을 맡은 제사장 안나스와 가야바, 나, 본디오 빌라도 그

지역의 통치자가 나사렛 예수를 두 도적들 사이에서 십자가에서 죽도록 선고한다. 사람들은 예수에 대해 크고 잘 알려진 범죄의 증거로서 다음과 같이 말한다.

1. 그는 미혹자였다.
2. 그는 선동자였다.
3. 그는 반역죄를 범했다.
4. 그는 어리석게도 자신을 하나님의 아들이라고 불렀다.
5. 그는 자신을 이스라엘의 왕이라고 불렀다.
6. 그는 종려가지를 든 많은 군중들을 이끌면서 성전 안으로 들어갔다.

퀸티우스 코넬리우스(Quintius Cornelius) 백부장에게 사형의 장소로 그를 데리고 갈 것을 명령한다.
예수의 죽음에 대하여 서명한 중인들은 다음과 같다.

1. 다니엘(Daniel), 랍비, 바리새인

2. 요하네스(Joannes), 랍비

3. 라파엘 로로베이블(Raphael Rorobable)

4. 카펫트(Capet), 시민

예수는 스트루에누스(Struenus) 문을 통하여 도시의 바깥으로 갈 것이다.

순수하게 법적인 관점에서 이러한 역사적인 사건을 고려할 때 우리는 명확한 결론들에 도달해야만 한다. 이러한 결론들은 본 논문을 시작하면서 언급했던 다섯 가지 질문에 대한 답변으로 다음과 같다.

1. 히브리법과 로마법 아래서 두 가지 재판이 있었다. 그리고 가야바 앞에서의 절차는 단순한 재판을 준비하기 위한 예비적인 조사는 아니었다.
2. 가야바 앞에서의 재판에서 히브리법의 적용은 지켜지지 않았고, 빌라도 앞에서의 재판 역시 로마법

은 적용되지 않았다. 이것은 명백한 사실이었다.

3. 히브리와 로마 재판에서 이루어진 선고는 동일하지 않았다.

4. 예수님을 죽음에 이르도록 정죄한 고소는 히브리 법정 앞에서나 혹은 로마법정 앞에서든지 간에 고소자들이 제기한 내용에서 달랐다. 히브리 법정에서의 재판에서 하나님에 대한 신성모독에 대한 고소는 일치되었다. 시저에 대한 반역으로 고소된 로마법정에서는 사형선고가 이루어졌지만 고소자들의 이름은 한명도 알려지지 않았다. 그러나 예수님에게는 유죄판결을 위해 모두가 통합되어 적용되었다. 그 내용은 앞에서 본 바와 같이 미혹자, 선동자, 법을 위반한 자, 어리석게 자신을 하나님의 아들이라고 부른 것, 이스라엘의 왕이라고 자신을 부른 것, 그리고 종려나무 가지를 든 군중들과 함께 성전에 들어간 것이었다.

5. 빌라도 앞에서의 재판에서는 예수님은 무죄였다.

그리고 이러한 무죄 선고 후에 어떤 확신도 없이 사형이 다시 선고되었다.

이러한 두 가지 법을 적용한 재판 절차 중에 구세주의 진실된 선언은 역사적으로 신뢰할 수 있는 글 안에 씌어져 있다. 오늘날 유대인들은 물론 로마인들도 포함하여 그들의 증오의 결과로 이루어진 사건임에 대한 근거를 제공한다.

알렉산더 멕켄지(Alexander McKenzie)는 말하였다. 3개의 대륙들이 예수님을 십자가에 못 박았다. 유럽은 그를 십자가형으로 선고하였다. 아시아는 그가 못 박힌 십자가 나무를 제공하였다. 노예의 나라 아프리카는 그가 십자가를 지고 가다가 쓰러졌을 때 대신 십자가를 지고 갈 사람을 내주었다.

잔인한 십자가! 원목으로 만들어진 오 그 나무여!
누가 너를 심었는가?

새들이 너의 가지에 둥지를 치지는 않았었는가?

그리고 햇빛은 너의 잎들을 밝게 비췄는가?

예수님은 교회의 법정 앞에서 하나님의 아들이라고 선언했기 때문에 죽었다. 그리고 로마법정에서는 그리스도 왕이라 선언하였기 때문에 죽었다. 오늘날 세상의 법정에서는 이러한 예수님의 두 가지 선언에 대한 진실성이 받아들여진다. 한때는 죽음과 불법의 상징이었던 십자가는 지금은 생명과 구원의 상징이 되었다.

로마법과 그리스도의 십자가

"예수를 빌라도에게 끌고 가서…이 사람에게 죄가 없도다…
예수를 십자가에 못 박고…"(눅 23:1-33)

저자 소개　　**임 덕 규**

　　육군사관학교 졸업
　　서울대학교 법대 및 동대학원 졸업(법학박사)
　　대한신학교 졸업
　　아세아연합신학대학원 졸업(M.A., M.Div.)
　　육군사관학교 법학과 교수 역임
　　대한예수교장로회(대신) 충성교회 담임목사

부록 번역　　**박 철 동**

　　육군사관학교 졸업
　　국방대학원 석사과정 졸업
　　안양대학교 신학대학원 졸업(M.Div.)
　　아세아연합신학대학원 Th.M.&Ph.D.(조직신학)과정 중
　　대한예수교장로회(대신) 충성교회 부목사

저서 소개

복음과 성령충만 I, II

임덕규 지음/ 신국판
복음의 증인으로 살 수 있게 하는 탁월한 훈련 교재.

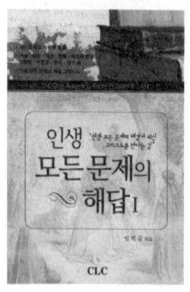

인생 모든 문제의 해답 I, II, III

임덕규 지음/ 신국판
인생 모든 문제의 해결자 되신 그리스도를 만나는 길.

신구약을 관통하는 그리스도

임덕규 지음/ 신국판/ 352면

신구약성경을 관통하는 그리스도 안에 모든 것이 다 있다!

신구약을 관통하는 그리스도 완결편

임덕규 지음/ 신국판/ 472면

조직신학을 복음의 권능으로 바꾸는 책.

하나님을 만나는 길

임덕규·박철동 지음/ 신국판/ 376면

그리스도의 피의 희생제사를 통해 인간이 하나님께 나아갈 수 있다는 진리를 전해준다.

복음이란 무엇인가 시리즈

복음이란 무엇인가? 1
예수, 그는 누구신가?
임덕규 지음/ 46판/ 72면/ 3,000원

평신도 전도용으로 쉽게 예수님이 누구신지에 대해서 저술하고 있다. 예수 그리스도는 구원의 주로서 그리스도시요, 살아계신 하나님의 아들이다. 전도하기 위한 태신자가 있다면 본서를 통해 예수 그리스도를 소개하면 좋을 것이다.

복음이란 무엇인가? 2
예수, 그는 무엇을 하셨는가?
임덕규 지음/ 46판/ 120면/ 5,000원

그리스도의 죽음과 부활은 구약성경에 이미 수천 년 전에 예언되어 있었고, 그 예언대로 예수님이 이 세상에 오셔서 성취하셨다. 본서에 기록된 이 복음진리를 참되게 상고한 자는 이 진리를 확신하고 구원을 얻을 것이며, 이 진리에 인생을 걸 것이다.

복음이란 무엇인가? ③
예수는 그리스도
임덕규 지음/ 46판/ 88면/ 5,000원

신·구약 성경의 주제는 한마디로 '예수 그리스도'이다. 예수는 '하나님의 아들 그리스도'이시며 또한 제사장, 선지자, 왕의 세 가지 직함을 이루신 그리스도임을 마가복음을 통하여 증거하고 있다.

복음이란 무엇인가? ④
세상의 빛 그리스도
임덕규 지음/ 46판/ 88면/ 5,000원

복음의 빛을 받는다는 의미를 참되게 알고 깨달아, 마음에 그리스도의 빛을 받아 자신도 세상의 빛이 되어 어둔 세상에 그리스도의 은혜를 비추어 증거하는 증인, 곧 세상의 지도자로 살도록 하기 위해 본서는 쓰여졌다.

복음이란 무엇인가? ⑤
청년의 때에 예수를 만나라
임덕규 지음/ 46판/ 88면/ 5,000원

세상 사람들은 부·명예·권력·지식·쾌락 등을 얻으면 행복할 것으로 알지만, 그런 것들을 얻자마자 허무에 빠진다. 솔로몬 왕은 청년의 때에 너의 창조주를 기억하라고 권고했다. 즉 본서는 젊을 때에 예수님을 창조주 하나님으로 믿고 인격적으로 예수님을 만나야 한다고 권고한다.

로마법과 그리스도의 십자가
Roman Law and The Cross of Christ

2013년 7월 20일 초판 발행

지은이 | 임 덕 규

펴낸곳 | 사) 기독교문서선교회
등록 | 제16-25호(1980. 1. 18)
주소 | 서울시 서초구 방배로 68
전화 | 02) 586-8761~3(본사) 031) 942-8761(영업부)
팩스 | 02) 523-0131(본사) 031) 942-8763(영업부)
홈페이지 | www.clcbook.com
이메일 | clckor@gmail.com
온라인 | 기업은행 073-000308-04-020, 국민은행 043-01-0379-646

　　　　예금주: 사)기독교문서선교회

ISBN 978-89-341-1278-5(03230)

* 낙장·파본은 교환해 드립니다.

이 도서의 국립중앙도서관 출판시 도서목록(CIP)은
서지정보유통지원시스템 홈페이지(http://seoji.nl.go.kr)와
국가자료공동목록시스템 (http://www.nl.go.kr/kolisnet)에서
이용하실 수 있습니다.
(CIP제어번호: CIP2013009156)